Irene Runge

Ausland DDR

Irene Runge

Ausland DDR

Fremdenhaß

Dietz Verlag Berlin

Runge, Irene: Ausland DDR : Fremdenhaß / Irene Runge.
– Berlin: Dietz Verl., 1990. – 127 S.

ISBN 3-320-01566-4

Lizenznummer 1 · LSV 0729
Typographie: Felicitas Schnatmann
Umschlag: Ines Bussenius
Printed in the German Democratic Republic
Gesamtherstellung: Druckzentrum Berlin · Grafischer Großbetrieb
Best.-Nr. 738 827 6
Redaktionsschluß: 16. Januar 1990

DDR 5,40 M

Vorbemerkung

Dieses Buch entstand zwischen dem 4. Dezember 1989 und dem 4. Januar 1990. Vorausgegangen war unsere Enttäuschung über eine kurzzeitig tendenziöse Berichterstattung über die in der DDR arbeitenden oder durchreisenden Ausländer in unseren Medien, die die Wirklichkeit im Lande nicht zur Kenntnis nahm.

Der Alltag der Ausländer in der DDR spielte ebenso wie die bisherige und zukünftige Außenpolitik in den neuen Debatten unverständlicherweise eine Nebenrolle, ihre komplexe Realität droht übersehen zu werden.

Am 4. Dezember organisierten wir – Studenten der Sektion Geschichte und die Dozentin Dr. Irene Runge – deshalb in der Berliner Humboldt-Universität eine Veranstaltung zum Thema »Ausländerfeindlichkeit«. Über 400 In- und Ausländer waren gekommen, um Erfahrungen zum Thema auszutauschen. Die DDR-Medien hielten das Ereignis keiner gesonderten Erwähnung für wert. Der Dietz Verlag bot spontan seine Hilfe an. Unser Sofortbericht liegt jetzt vor. Er dokumentiert den aktuellen Erkenntnisstand. Wir verstehen ihn als Aufforderung zur öffentlichen Diskussion der Ausländerfrage in der DDR und danken allen, die uns geholfen haben, in dieser kurzen Zeit das ehemalige Tabu zu brechen und erste Informationen zusammenzutragen.

Stefan Mahlke　　　　Dr. Irene Runge

Jenseits unserer Grenzen ist Ausland oder: Ist Heimat, wo immer wir sind?

Den anderen Völkern sind wir vor allem Fremde, für die sie Stereotype wie ordentlich, pünktlich, diszipliniert, sauber, autoritär und familienorientiert bereithalten. Gastfreundschaft, Humor und Genußfähigkeit gelten nicht gerade als deutsche Grundeigenschaften. In der Mitte Europas tut man sich schwer mit unüblichen Gewohnheiten, zu denen vieles gehört, was fremden Völkern selbstverständlich ist.

Erklärungen für einen latenten Fremdenhaß gibt es in aller Welt wie das Phänomen auch.

Die zurückliegende Weltabgeschiedenheit der DDR ist vermutlich nur ein Teil des Ganzen, doch nicht deckungsgleich mit der Vielfalt subjektiver Reaktionen auf die Ausländerfrage insgesamt. Zwischen tätiger Solidarität im Falle Nikaragua und Rumänien und rassistischen Vorverurteilungen kubanischer Arbeiter können die Übergänge fließend sein. Nationalismus ist ins Alltagsbewußtsein als Witz und Zote eingedrungen, ohne daß seine Rezipienten sich zwangsläufig als Chauvinisten verstehen.

Unwissenheit über die eigene mentale Lage und tradierte Vorurteile gegenüber der Fremde und ihren nationalen und ethnischen Spezifika vermengen sich schnell zu nationaler Arroganz. Die Neugierde aufs Unbekannte wird wie selbstverständlich durch jenen sonderbaren Dünkel begrenzt, der sich zur Norm made in GDR gemausert hat. Bei den anderen wird Sprachkundigkeit vorausgesetzt, und nur selten meinen es die Einheimischen im Lande DDR ernst, wenn sie beklagen, außer deutsch keine andere Sprache leidlich zu beherrschen. Das Weltinteresse derer, die sich im nationalen Schrebergarten unbehaglich fühlen, wird von der Reiselust jener ergänzt, die in erstaunlicher Maßlosigkeit den Rest des Erdballs für kaum mehr als eine grenzenlos benutzbare touristische Einrichtung halten.

In der DDR bläht sich seit geraumer Zeit die Ausländerfeindlichkeit zu einem aktuellen Thema und materiellen Problem auf. Rund 180 000 Ausländer sind ins fremde Land DDR gekommen. Eine lächerliche Zahl, verglichen mit jedem anderen industrialisierten Staat. Rund 180 000 vor allem junge Menschen aus Vietnam, Kuba, Polen, Moçambique, und dann noch die aus Ungarn, der Sowjetunion, China, Bulgarien, aus Westeuropa und Nordamerika, Australien und Belgien, Kolumbien, Kenia und Irak, Israel, Frankreich, Chile, Dänemark, Südafrika usw. Sie arbeiten, studieren, kurzum leben auf Zeit oder Dauer neben, manche sogar mit uns, als Partner/innen von Inländern, als Väter und Mütter von Kindern, die von ihrer Umwelt unbemerkt in zwei Kulturen, oft mit zwei Sprachen aufwachsen. Die Anwesenheit der anderen gibt uns die Chance, die Ferne im eigenen Haus hautnah zu spüren. Möglich wäre es, daß allmählich die uralten Ressentiments verschwinden. Statt dessen aber beobachten viele von uns mit Entsetzen, wie sich eine neue nationale Überheblichkeit selbstgefällig allerorten einrichtet.

Die DDR ist kein Einwanderungsland, kein Touristenland, kein Asylland. Ein Volk der Reisewütigen von Kap Arkona bis zum Fichtelberg hat sich mit Fernweh das Ausland zurechtinterpretiert und Groll gegen jene angestaut, die äußere Unordnung ins einheimische Nest brachten und zudem noch das Fremdwort Heimweh suggerierten.

Schieber und Spekulanten wurden vorübergehend beliebte Markenzeichen ausländerfeindlicher Slogans. Wie kommt es, daß vernünftige Menschen hysterisch nach mehr Staat und starken Männern schreien, ohne die Frage nach Ursachen des Dilemmas überhaupt aufkommen zu lassen? Unter dem Stichwort deutsch äußern sich auf unterschiedliche Weise bis hin zu brutalen Umgangsformen und individuellem Terror inzwischen auch Rechtsradikale, fordern ihren Platz in der gerade entstehenden politischen Kulturenlandschaft DDR. Im schwarz-rot-goldenen Freudentanz jubeln Enttäuschte und Irritierte und taumeln unter die Führung jener, die ein national einigendes Deutschsein in einer Zeit der Europäisierung rücksichtslos erzwingen wollen. Schlagworte werden wieder ausgetauscht, die für das Erkennen sozialer Prozesse gerade erst blind gemacht haben.

Wir müssen wieder sehen lernen und unser Denken von unerträglichen Kurzschlüssen befreien. Die verhaltene Rebellion jener, die ihre Wut ohne Folgen auskosten, die im Schutz anonymer Massen Rechnungen aufmachen, in denen auch Ausländer zur Kasse gebeten werden, ist nicht identisch mit organisiertem Fremdenhaß und politisch motivierter Intoleranz. Das Gefühl, einer überlegenen Kultur anzugehören, wird in diesem Lande DDR doppelt reflektiert: Zum einen als faktische Verachtung der Fremden, die aus Dritteweltländern kommen, agrarisch und unterentwickelten zumeist, mit einer Kultur, deren Reichtum sich unter Bedingungen hiesiger Arbeit und Alltag fernab der regionalen Zugehörigkeit in keiner Weise entfalten kann, zum anderen im tiefen Versagenskomplex gegenüber dem reichen Nachbarn West, dessen supranationale Überlegenheit nationalistische Bekenntnisse genaugenommen unangemessen erscheinen läßt.

Dieser Zwiespalt von Unter- und Überschätzung, noch vor wenigen Monaten pure Theorie, ist tägliche Erfahrung von Millionen DDR-Bürgern geworden. Diverse Bewältigungsstrategien werden jetzt ausprobiert, der Konflikt soll minimiert werden, wie, ist Angelegenheit des einzelnen. Das Wort Solidarität ist in Verruf geraten, Losungen wie Antifaschismus und Neonazismus stehen in Gefahr inflationärer Entwertung, wenn nicht endlich über Inhalte nachgedacht wird. Ausländerfeindlichkeit hat mit Inland zu tun, mit einer unverstandenen Sehnsucht nach Heimat, was Geborgenheit impliziert, die Störungen strikt ausschließen will. Das beschworene Heimatgefühl DDR hat sich längst regionalisiert und insofern politisiert, als daß keine Geographie ohne Politik existiert. Der Traum vom guten Leben ist eine romantische Vorwegnahme jener großen Utopien, die sich im kleinen kurzen Dasein auf erfüllbare Pläne reduzieren. Die Abwehr der Fremden ist ein Zeichen von Unsicherheit, von Ungewißheit, von Ängsten, die sich simpel als Futterneid und komplexer in Konkurrenz zeigen: Die Sorge vor leeren Regalen, wie sie der Polenfeindlichkeit untergeschoben wird, wirkt geradezu absurd, wenn man bedenkt, in welchen Größenordnungen und unter Mitwirkung, Duldung und Protest der Bewohner dieses Landes selbst über Jahrzehnte die Wirtschaft systematisch ausgeraubt worden ist. Nicht Ausländer sind das Problem der DDR, sondern jene selbstherrliche Subventionspolitik, die geradezu einlädt, vom gewinnträchtigen Zwischenhandel zu leben. Die naive Vorstellung, man könne den Wirtschaftskuchen behalten *und* verspeisen, scheint dem Alltagsdenken nicht verdächtig. Der jahrzehntelange Unsinn, es gäbe keine Grundwidersprüche im Lande DDR, führt bis heute dazu, alle anderen Widersprüche für nebensächlich und vergänglich zu halten. Für die Zwischenzeit wird der inneren Unruhe mit populären Alibis begegnet. Die Ausländer sind wie andere Minoritäten bequeme Zielscheiben, wenn es um Losungen anstelle wirklicher Lösungen geht.

Das Ende einer Kultur ist zugleich der Anfang einer neuen. Faszination und Abscheu, Euphorie und Depressionen begleiten jeden von uns. Die psychische Belastung derer, die den Prozeß mittragen, ist unermeßlich. Erklärungen werden gesucht, Antworten, noch bevor die Fragen gestellt sind. Das Gleichgewicht will sich wieder herstellen und pendelt in Permanenz nach zwei Seiten aus. Und wieder sind einige schuld und alle tragen Verantwortung.

Ist es eine Art emotionaler Zwang, daß neue Feindbilder entstehen, die die alten ablösen? Vorurteile gegen die jeweils Anderen gehören in den Pool aller Nationen. In Krisenzeiten schlagen nationalistische Wellen hoch. Die zivilisatorische Geduld mit den Fremden ist labilisiert, Mißtrauen breitet sich aus, der heimische Herd wird zur heimlichen Burg, die gegen Übergriffe schützen soll. Wehe dem, der in solchen Zeiten kein Zuhause hat.

Nein, nicht die Ausländer sind das Problem dieses Landes, sondern eine Qualität des Lebens, die historisch ohne klassisch koloniale Erfahrung begann, deren nationales Bewußtsein stürmisch mit imperialen Gelüsten einsetzte, nationalistischen Irrsinn zur Staatsidee auf Kosten Europas etablierte und sich im nationalen Selbsthaß wiederfinden mußte. Radikale Verweigerung und romantische Zustimmung zu einer weniger als ungenau erfahrbaren nationalen Identität deutsch scheinen sich, zwei Generationen nach 1945, ineinander verkehrt zu haben. Für den einzelnen gab es stets Zugehörigkeit zur Familie, zum Landstrich, zur Region und auch zum Staat DDR, der sich erneut als Teil einer Nation versteht, dem ein Volk zugehört, in dessen Nachbarschaft nicht wenige andere Völker beheimatet sind, ganz zu schweigen von Angehörigen jener Nationalitäten, die es aus dem einen oder anderen Grund in einen der beiden deutschen Staaten verschlagen hat.

Das romantische Denken im Sinne allgemeinmenschlicher Lebensäußerungen ist nicht analytisch. Daß der Verlust der schönen Idee einer reinen DDR unangenehm schmerzt, die plötzliche Ideologieleere auch mit ungerichtetem Haß aufgefüllt wird, der irgendwann in neue Ideologien überschwappen kann, hat vielerlei Konsequenzen. Flucht ist eine davon. Aber wohin und wofür? Das einfache Leben als Gegenpol zum zivilisatorisch übersättigten Bürgerwohlstand ist keine Alternative für Ostneid auf den luxusgewohnten Nachbarn West. Man will sich nicht an der Armut in Indien entsetzen, sondern an der Eleganz der Champs-Élysées teilhaben. Das Ausland als Lebensersatz der einen, während sich hinterhältig Freizeitextremisten im Inland an Fremden kleinlich rächen. Und immer sind die Ausländer schuld? Nach 40 Jahren DDR ist die Unschuld nicht mehr zu rekonstruieren. Für die monetäre Vision eines Äquivalentenglücks kommt heute fast jeder zu spät. Ungebrochen ist den Verlockungen des anderen Systems kaum zu glauben. Das Mißtrauen gegen das eigene wird nicht vom Zutrauen ins andere Weltbild abgelöst. So dumm ist nach 40 Jahren DDR denn doch niemand, um zu übersehen, was Dritte Welt, Kapital, Börsengewinne, Innovation, Ökologie und Arbeitslosigkeit verbindet, was Zyniker nicht stört und den Idealisten Utopien erhält.

Auch die DDR wird Einwanderungsland werden. Was denn sonst? Die Probleme der Ausländer sind nur die Kehrseite unserer Stagnation. Problematisch sind konkrete Verhältnisse, durch Regierungsabkommen fixiert, die der sofortigen Korrektur bedürfen. 5 m^2 mindestens, so die noch immer geltende Richtlinie des Ministerrats, stehen jedem Ausländer an Wohnfläche zu. 5 m^2 DDR, nicht mehr als 4 Personen pro Zimmer, auf 5 Jahre Ersatz für Heimat.

Ich bin in diesem Land DDR aufgewachsen, weil man mich 1949 in das neue Deutschland gebracht hat, wo ich deutsch zu lernen und mich den Landessitten anzupassen hatte. Das eine gelang mir vortrefflich.

Emigrantenkinder sind schwierig, von doppelter Loyalität, fremd und vertraut in einem, oft zwischen den Kulturen beheimatet. Muß ich erklären, warum ich das Unbehagen jener begreife, die sich nicht assimilieren und bis in die Sprache Fremde bleiben? Toleranz ist ein Fremdwort, das in der Technik eine zulässige Abweichung vom vorgegebenen Maß beschreibt. Welchen Maßstäben folgt die Akzeptanz Fremder hierzulande?

Für mich ist es einfach: Ausländerfeindlichkeit, Rassismus, Antisemitismus und Nationalismus liegen jenseits dessen, was ich zu tolerieren bereit bin. Ich reagiere offenbar empfindlicher als andere, die sich spiegelbildlich im Nachbarn zu erkennen meinen. Auf diese Weise blenden sie die Unterschiede aus. Träume vom Rhein wachsen auf die Oder zu, als wäre nichts gewesen. Geschichte wird unbetrachtet zum Wegwerfen freigegeben. Erinnern wir ruhig hin und wieder daran! Zwei deutsche Staaten sind der Preis für einen zweiten Weltkrieg, für Millionen Juden, Sinti und Roma, Sowjetbürger, Polen, Niederländer, Franzosen, Griechen ... – für ein verwüstetes Europa, das sich mühselig erholt hat und allmählich zu einigen beginnt.

Wer wagt es, die Erinnerungen an Auschwitz und Stalingrad in den Dreck zu zerren? Sind es dieselben, die »Polen raus« schreien? Sind es dieselben, die Kommunisten, Homosexuelle, Juden, aufrechte Christen, Intellektuelle und Künstler als »fremdartig« denunzieren, wo immer sie zu Wort kommen?

Was ist geschehen? Vor sechs Monaten war unvorstellbar, daß auch ich auf einer Massenkundgebung in Berlin-Ost in den Ruf »Nazis raus – Ausländer rein« einstimmen würde, um entgegengesetzte Ideen lautstark zu konterkarieren.

Leute wie ich haben uns mit der Hoffnung betrogen, daß die versteckten und zunehmend öffentlicheren Anzeichen für rechtsextreme Abweichungen von unserer Norm pädagogische Fehlleistungen sind. Der Glaube an eine allgemeine Vernunft aus Erfahrung lähmte, gestützt durch einen administrierten Antifaschismus, unsere Wachsamkeit. Unser Mißtrauen, nie verschwunden, ist gefordert. Doch die Interpretationen von damals sind aufgebraucht. Ausgelassen wurde die historische Rolle der Massen, verschleiert wurden die spätstalinistischen Machtstrukturen, die die Vernunft ritualisierten und Widerspruch durch Schweigen und Angst ersetzten. Zunehmend etablierte sich Intoleranz als Mittel der Politik, und unmerklich wurde der Brutalität im Umgang mit Dissidenten Recht und Raum zugestanden. Sichtbar rassistische und nationalistische Erscheinungen wurden je nach politischer Brauchbarkeit verfolgt, vertuscht oder uminterpretiert. Die Ausländerfeindlichkeit folgte ihren traditionellen Vorurteilen, Klischees konnten nicht überprüft werden, Gerüchte richteten sich ein. In das unter einer politischen Käseglocke befindliche Antifaland DDR kamen mittels Regierungsabkommen -zigtausende Vietnamesen, Kubaner und Moçambiquer. Und wie wurde die Bevölkerung vorbereitet? Von Generation zu Generation entziehen sich nicht nur hierzulande Vorurteile der Diskussion, denn sie bedürfen keines Wahrheitsbeweises. Wie »der Pole« oder »die Schwarzen« sind, vermitteln ungeprüft nationale Stereotype, deren Gegenteil genauso zutrifft. Im Witz über Schotten wie Schwarze bestätigt sich unter dröhnendem Gelächter schichtendeckend und grenzüberschreitend nationale Arroganz. Die Anderen sind immer dumm, geizig und geil. Vor Schwächeren muß sich niemand fürchten. Oder ist es so, daß unerfüllte Sehnsüchte und verheimlichte Phantasien unterdrückt werden?

Die Mißachtung autonomer Bedürfnisse Andersethnischer wie Andersdenkender und Anderslebender beginnt scheinbar harmlos. Intoleranz brennt im Namen ihrer selbsternannten *Norm*alität nieder, was ihr im Wege steht. An deutschen Stammtischen ist schon so manches Unheil ausgedacht worden. Hinterher wollte es dann niemand gewesen sein. Konsensfähig ist die Abneigung gegen Normverletzer. Lange und bunte Haare vereinten Generationen im selbstverständlichen Ruf »abnorm«. Schwule, Künstler, Ausländer und Intellektuelle bevölkern aus dieser Sicht den Gesellschaftsrand, dem Neugier und Verachtung gleichermaßen gilt. Natürlich habe ich oft diese Mischung aus Fremdenhaß und Neid gespürt, wenn ich mit Afrikanern über die Straße ging. Natürlich ist unüberhörbar, mit welcher Verachtung über polnische Zustände gesprochen wird. Rußlands Mangelwirtschaft brachte der Volksmund selten mit dem Überfall der Deutschen in Verbindung, und die vietnamesischen Freiheitskämpfer von damals sind als eingeflogene Arbeitskräfte beliebt, wenn sie sich lächelnd bescheiden. Hat sich der Judenhaß unreflektiert und politisch einseitig Israel herausgepickt oder äußerte er sich im Friedhofsvandalismus, für den es auch keine schlichten Erklärungen gibt?

Seit Jahrzehnten wurde das altneue Thema Fremdenhaß verdrängt, wurden seine Entladungen systematisch bagatellisiert. Die Unsinnigkeit der Tabus überhaupt erkennen zu können setzt als erstes voraus, daß öffentlich über sie gesprochen wird.

Solidarität siegt! Wem gehört eigentlich dieser Satz?
Wie soll unter dieser Losung die nicht mehr zu übersehende subtile bis gröbste Ausländerfeindlichkeit in großen Menschengruppen und unter aller Augen und Ohren interpretiert werden?

Unsere Forschungsdefizite sind nur ein Beweis dafür, daß die widersprüchliche Realität dieses Themas zwischen Kerzen für Rumänien und Restaurantsperren für Angolaner weder ins akademische noch ins publizistische Bewußtsein gedrungen ist. Die Medien und die Wissenschaft wurden faktisch zu Komplizen von Nationalisten entwürdigt. Ihr verordnetes Schweigen mehrte unsere Gewißheit, daß die DDR unerschütterlich und fest auf jenem Boden steht, der Völkerhaß und Rassismus wurzellos hinterlassen hat. Das Leben aber zeigt, daß jede Saat ihren Boden findet. Müssen wir uns heute darauf einrichten, daß hier wie überall in Europa Neonazis und Rechtsradikale bis zu 10 Prozent der Bevölkerung auf sich vereinen?

Ist die DDR, von der schützenden Mauer befreit, dabei, zu einem europäischen Land wie die anderen zu werden? Oberflächliche Additionen verkennen, daß am Ende die Qualitäten stets mehr als eine arithmetische Summe sind. Die Negation einer Diktatur ergibt nicht automatisch eine Demokratie.

Aus Gründen, die wir nie untersucht haben, polarisiert das Fremde widersprüchliche Reaktionen.

Einerseits schürt es die naive oder verschlagene Neugier auf Exotik. Andererseits mehrt es die nationalistisch oder rassistisch irrationale Aggressivität, die sich zu unterschiedlichen Zeiten verschiedener Legitimationshilfen bedient. Ist für die extreme Rechte die Stunde gekommen? Auf den Straßen gehen die Rattenfänger um.

Die bekannte Effizienz des deutschen Umgangs mit der Fremde ruft innerhalb des Hauses DDR Unruhe hervor. Außerhalb unserer Mauern reagiert man allergisch auf deutschnationale Töne. In der DDR-Presse, nunmehr frei von Agitation und Propaganda, haben Journalisten hastig wie für Groschenblätter und ebenso verantwortungslos, nationalen Kurzschlüssen Vorschub geleistet. Vorübergehend wurde medienweit das polnische Volk mit seinen nationalen Spekulanten und Schiebern gleichgesetzt. Mit populären antipolnischen und undifferenzierten ausländerfeindlichen Vorwürfen und Maßnahmen ließen sich aber auch vor einigen Monaten die unpopulären Probleme im Lande DDR nicht lösen. Der internationalistische Protest empörter DDR-Bürger setzte prompt ein und zwang zur Korrektur. Die Entschuldigung der betreffenden Journalisten blieb allerdings ebenso aus wie Beiträge, die sachlich die Hintergründe der Hysterie erläuterten. Wehren wir uns energisch gegen einen Populismus, der die Ursachen der Krise zu ihren Folgen verschleiert. Auch sanfter Verführung zum Wegsehen müssen wir aus Verantwortung für die alternative DDR und aus Erfahrung im Umgang mit Demagogen begegnen.

Protestieren wir gegen einen primitiven Protektionismus, hinter dem sich nichts als spießbürgerlicher Chauvinismus versteckt. Mieser Kleinbürgerneid nennt alles, was er selbst nicht hat, Privileg. Egoismus und Habgier setzen sich ungehindert mit neuen Politparolen über menschlichen Anstand hinweg. Wann wird neues Unrecht zu sühnen sein? Üble Gleichmacherei will wieder einmal um sich greifen. Wer das nicht verhindert, nivelliert wissentlich unsere Verschiedenheit zugunsten einer gleichgeschalteten Masse. Mit solchen Parolen treten Kleinbürger als zukünftige Diktatoren an.

Unsere neue Weltoffenheit ist keine Einbahn-, sondern eher eine Durchgangsstraße, deren Verkehrsregeln nicht straflos verletzt werden dürfen. Es ist unmoralisch, nach Italien reisen zu wollen, und 27 000 arbeitslosen Süditalienern, die mit uns leben wollen, den Zuzug zu verwehren. In wessen Namen werden solche Anliegen beschieden?

Einwanderungsland DDR hieße beispielsweise, Regeln anstelle der Verbote zu bedenken, hieße: Weg von Regierungsabkommen, in denen die Ausländer als Gruppen, nicht als Individuen eine Rolle spielen.

Einwanderungsland heißt: Recht auf die Wahl des Arbeitsplatzes und das Recht, als Familie zu kommen – zu den Bedingungen, die die jeweiligen Betriebe mit ihren jeweiligen Arbeitskräften aushandeln. Einwanderungsland könnte auch heißen: Quotenregelungen wie in den USA. Zu lernen ist überall. Es muß Schluß sein mit Rahmenrichtlinien, in denen Ehepaare für ihren 5-Jahres-Aufenthalt keinen rechtlichen Anspruch auf gemeinsame Unterbringung haben und Besuche in den Wohnheimen entweder verboten oder reglementiert sind.

Politisch kompetente Entscheidungen zur Ausländerpolitik sind überfällig. Die Solidarität endet nicht im Ekel über veruntreutes Geld, über Waffenhandel in die falschen Gebiete und eine zweckgefärbte Außenpolitik. Die Solidarität ist und bleibt ein Grundprinzip unveräußerlicher Menschenrechte jenseits jeglicher nationaler Beschränkungen. Sie muß sichtbarer in diesem Lande DDR sein. Heute wird das Übermorgen vorgedacht. Die Vereinigten Staaten von Europa sind nur eine Vorstufe der Vereinigten demokratischen Staaten der Welt. Wir gehören zur reichen Minderheit auf unserer weiterhin verelenden Erde.

Vergessen wir nicht: Es war auch der alltägliche Türkenhaß aus Konkurrenz- oder anderen Ängsten, der den bundesdeutschen Republikanern zum Wahlerfolg verhalf. Meinen diese jetzt, dies wäre Grund genug, um mit gleichen Parolen auf dem Boden der DDR zu kandidieren? Was denken sich diese Leute eigentlich? Sollen wir Steine fressen, damit sie merken, daß wir nicht zu verdauen sind? Kommunistenhaß und Verachtung der Fremden gehören immer in den Katalog der Chauvinisten, wo immer sie sich befinden und was immer sie auf ihre Fahnen schreiben. Die neue Demokratie made in GDR wird sich hier zu beweisen haben. Jede Partei, jede neue wie alte gesellschaftliche Bewegung muß es sich gefallen lassen, auch nach ihrem Standpunkt zur Ausländerfrage beurteilt zu werden. Im Augenblick ist konzentriertes Handeln angefragt, Taten sind nötig: Wird eigentlich in der Mehrzahl der fast 1 000 Betriebe des Landes, in denen ausländische Arbeitskräfte tätig sind, gemeinsam mit den dort beschäftigten Ausländern ernsthaft und öffentlich über die beiderseitigen Schwierigkeiten und Erfolge gesprochen? Wann werden DDR-Journalisten akribisch herausfinden wollen, wie die ausländischen Arbeitskräfte wohnen, einkaufen, sich vergnügen? Fragen sich die Leiter und Leiterinnen der Einrichtungen, wie den vietnamesischen Frauen zumute ist, die ihre Kinder und Männer in 5 Jahren nur 2 Monate lang besuchen dürfen? Wie man 50 Prozent seines monatlichen Verdienstes in Waren zur Ausfuhr umsetzen, aber nur mit 20 kg Gepäck auf diesen einen Besuch fliegen darf? Ahnen sie, wie es um den Stolz kubanischer Männer aussieht, wenn ihre DDR-Freundinnen diskriminiert werden? Wievielen Kränkungen sind Moçambiquer ausgesetzt, wenn sie öffentliche Verkehrsmittel benutzen?

Werden die Kollegen der Ausländer auch weiterhin die Wohnghettos umgehen, in denen sie einer ihnen unbekannten Kultur begegnen würden, die ihren Erfahrungen nicht entspricht? Wer hat die deutsche Gewohnheit zum Maß aller Dinge genommen, und benotet das Verhalten der anderen? Kommen diese erwachsenen Ausländer endlich in ihrer und unserer Sprache kommunalpolitisch hörbar zu Wort? Es geht nicht an, daß für und über Ausländer, sondern es muß mit ihnen gemeinsam ihre Lage unserer neuen Zeit angepaßt werden. Rund 43 000 Ausländer leben ständig in der DDR, zum großen Teil mit DDR-Bürgern/innen verheiratet. Sie arbeiten mitten unter uns. Die jungen Moçambiquer, Kubaner, Polen und Vietnamesen aber leben unter sich, arbeiten für uns und um ihres eigenen bescheidenen Wohlstands willen. Reich werden sie hierzulande nicht. Auch die legal auszuführenden 5 Fahrräder werden eine arme Großfamilie nicht vom Elend befreien. Der DDR-Bevölkerung wird es nicht nur durch die isolierenden Wohnbedingungen für ausländische Arbeitskräfte leicht gemacht, ihre Ausländer nicht in ihrer Alltagsnormalität zu erleben. Sie urteilen mangels Erfahrung und mittels ungeprüftem Halbwissen über Völker und nationale Eigenschaften, die nicht ihre eigenen sind. Warum ist es so schwer, das Unbekannte einfach nur mit Respekt hinzunehmen?

Für den Dialog braucht es gemeinsame Sprache, die nicht zwingend deutsch heißen muß. Wer Anpassung nur als Unterordnung begreift, will Sklaven, keine Mitbürger. Der Reichtum fremder Lebens- und Denkweisen erschließt sich dem Bereitwilligen, der die ganze Bandbreite zwischen Toleranz und Gleichgültigkeit auszuschreiten vermag.

Warum sprießen nicht seit Jahren vietnamesische Garküchen aus der Erde, werden keine kubanischen Bohnen importiert und Köche aus Afrika und Asien in Betriebsküchen um Rat gebeten? Wer ist eigentlich zuständig, wenn im Berliner Arbeiterwohnheim Charlottenstraße Paare und Alleinstehende aus Kuba ihr gemeinsames Zimmer durch einen Vorhang teilen müssen? Wen sollte es interessieren, daß ausländische Arbeiter manchmal den Eindruck haben, dort eingesetzt zu sein, wo die Arbeitsnormen nicht zu schaffen sind – wegen Materialmangel beispielsweise? In welchen Arbeitskollektiven wird über den Kulturschock und das Heimweh der vielen Fremden mitfühlend nachgedacht?

Man hat auf der Grundlage von Regierungsabkommen und Außenhandelsverträgen über 180 000 junge Männer und Frauen aus Afrika, Lateinamerika, Asien und Osteuropa in der Regel für 5 Jahre in dieses kühle Land geholt, in Wohnblöcke interniert und vergessen, daß auf diese Weise überall auf dieser Welt ein massives Konfliktpotential entstehen muß.

Wieso sind ethnische und nationale Besonderheiten in den Medien und bei den unmittelbaren Arbeitskollegen kein Dauerthema? Kulturen unterscheiden sich definitiv in zwei Kernfragen: Im Verhältnis zu Zeit und Raum. In den jeweiligen Kulturen gibt es signifikante Unterschiede, was das individuelle Zeitmaß und das Raumgefühl, das Empfinden und Bedürfnis von Distanz und Nähe, für Zuverlässigkeit und Genauigkeit angeht. Aus den Sommern ohne Ende in die traurige Melancholie eines deutschen Herbstes, Winters und Vorfrühlings gelangen junge Leute ohne Mütter, ohne Väter in eine geschlossen anmutende Gesellschaft, deren Zeichenvorrat von ihnen schwer zu entschlüsseln ist, und über dessen Geschichte Schweigen lastet. Heimat beginnt mit dem Wiedererkennen, mit Sprache, Kindheit, Essen und setzt sich fort in erworbenen und allgemein anerkannten Ansprüchen an Wohnen und Freizeit, bevor es alltäglich in die politische Kultur mündet.

Nur herzlose, bürokratische und ökonomistische Arroganz kann davon abstrahieren, daß mit all diesen jungen Fremden 100 000mal Liebe und Sex, Bildung, Erholung, Sport, Unterhaltung und menschliche Wärme sowie Waren des täglichen und sonstigen Bedarfs benötigt werden. In welche Kinos sollen diese jungen Leute mit ihren deutschen Elementarkenntnissen gehen? Bringt ihnen jemand ausreichend Bücher und Zeitungen? Endlich gibt es eine kurze vietnamesische Rundfunksendung! Doch wo gibt es mehrsprachige Speisekarten und Hinweise in Kaufhallen? Verbote sind auch auf polnisch zu lesen.

Auf der Straße erlebt man nur die geballten Ergebnisse der bitteren Logik dieser Vernachlässigungen: Alkoholmißbrauch, rassistische Äußerungen, Schwarzhandel, Schlägereien, nicht eingeklagte, weil schwer zu beweisende Diskriminierungen in Diskotheken und Restaurants. Wir sehen nicht, wenn andere monatelang ihre Freizeit in einem Wohnblock, einer Etage, einem Raum, auf 5 m^2 verbringen. Über Einsamkeit hilft auch die Weihnachts- und Maifeier nicht hinweg. Wer verteidigt die elementaren Rechte der Fremden, bis sie sich selbst soweit organisiert haben, um ihre Forderungen zu stellen – ohne die ständige Furcht, wegen unangepaßten Verhaltens auf eigene Kosten und folgenreich nach Hause geschickt zu werden?

Wir haben kein Asylrecht. Müssen jene, die aus politischen Gründen illegal bei uns leben, jetzt befürchten, bei einem Regierungswechsel gegen ihren Willen aus der Wahlheimat DDR ausgewiesen zu werden? Auf welche Weise werden nunmehr Verfolgte ins Land kommen, oder gehört diese internationalistische Pflicht der Vergangenheit an?

Die Öffentlichkeit soll wissen, was los ist, damit sie solidarisch handeln, und gleichzeitig den Mißbrauch der Gastfreundschaft energisch und kompromißlos anprangern kann. Es ist an der Zeit, die zugespitzten Probleme zu erkennen. Wir werden lernen müssen, mit manchen zu leben, weil für Lösungen weit mehr Zeit und Geld nötig ist als gegenwärtig vorhanden. Diese DDR soll ein weltoffenes Land werden, zu dessen Grundsätzen die Achtung vor der unverwechselbaren Besonderheit eines jeden Menschen gehört. Das ist für mich das Maß aller Dinge.

Irene Runge
Dezember 1989/Januar 1990

Leserbriefe an die »Berliner Zeitung«

Seit vierzehn Jahren bin ich mit einer Bulgarin verheiratet. Seitdem weiß ich, daß es in der DDR eine Ausländerfeindlichkeit gibt. In all den Jahren mußte meine Frau unzählige Anfeindungen und Beleidigungen über sich ergehen lassen. Besonders erschreckend ist, daß diese Beleidigungen hauptsächlich von jungen Verkäuferinnen ausgehen. Es sind fast immer Menschen, die in der DDR geboren und aufgewachsen sind und die angeblich zum Internationalismus erzogen wurden.

Am 14. Dezember 1989 kaufte meine Frau in der Markthalle, Karl-Liebknecht-Straße 11, Schokoröllchen zu 0,35 Mark. Eine Rolle war zerdrückt. Als meine Frau wagte, das zu beanstanden, warf die Verkäuferin ... diese Rolle wütend zur Seite und bezeichnete meine Frau laut als Spinnerin. ... Man könnte den Vorfall als Lappalie abtun, doch dem ist nicht so.

Günter Sch., Berlin, 1157

Es kann doch wohl nicht in Ordnung sein, daß die Probleme, die nicht zuletzt durch viele Streiks in Polen verschärft worden sind, durch die fleißige Arbeit unserer Bürger mit gelöst werden. Die Summen sollten noch einmal veröffentlicht werden, die die DDR zu Beginn der Krisensituation unseren polnischen Bürgern großzügig geschenkt hat. Gegen Diskriminierung polnischer Gäste muß vorgegangen werden, aber ebenso gegen die Ursachen für die Unzufriedenheit unserer Bürger. Ich arbeite in der Landwirtschaft, und ich kann versichern, daß es nicht wenig Mühe kostet, die tägliche Versorgung zu sichern. Schauen Sie sich Seite 26 der »Für Dich« (49/89) an, wer mit unserer Butter »versorgt« werden sollte. Der Riegel muß vorgeschoben bleiben, es schlüpfen auch so noch genügend Spekulanten durch die Maschen, die keineswegs alle aus Polen kommen.

H. Sch., Berlin, 1020

... Häufig mit Erscheinungen von Ausländerfeindlichkeit, ja Rassismus konfrontiert, geben wir unserer Besorgnis über solche Tendenzen in unserer Gesellschaft Ausdruck. Diese Erscheinungen treten nicht nur in Form physischer und psychischer Gewaltandrohung auf, sondern auch als ganz alltägliche Vorurteile gegenüber ausländischen Bürgern. Wir möchten mit den Lesern der BZ in ein Gespräch über die Ursachen dieses Verhaltens kommen, weil wir meinen, daß alle sich endlich der Tatsache bewußt werden sollten, die auf einem leider nicht besonders verbreiteten Plakat so formuliert ist: Alle Menschen sind Ausländer – fast überall ...

Es ist in unseren Augen beängstigend, was wir von unseren Studenten und Aspiranten erfahren müssen.

Der Erlebnisbericht eines Betroffenen soll das dokumentieren:
Als wir – mein deutscher Freund und ich – in einer Kneipe in Berlin gewesen sind, ist ein Mann, der ungefähr 35 Jahre alt war, zu mir gekommen. Er hat in einer komischen Sprache gesprochen, es war aber nicht Deutsch. In diesem Moment war ich sicher, daß er irgendwie gegen mich war. »Was sprechen Sie?« habe ich gefragt. Und er hat auf deutsch gesagt: »Ausländer raus! Vietnamesen gefallen mir nicht!« Mein Freund hat gesagt, daß ich kein Vietnamese, sondern ein Japaner bin. Als mein Freund das gesagt hatte, sagte der Mann sehr laut: »Egal, du raus!« Ich glaube, er war besoffen. Es war schade, daß andere Leute, die in dieser Kneipe waren, den Vorfall unbeachtet gelassen haben.

(Sevasti T., Birgit G., Christine H.,
Gewerkschaftsgruppe Deutsch als Fremdsprache
an der Humboldt-Universität zu Berlin/Sektion Fremdsprachen)

Im Zusammenhang mit den Erörterungen über notwendige Maßnahmen erinnere ich an die »plombierten« Züge, die Anfang dieses Jahrhunderts für den Transport von für das Durchfahrtsland unerwünschten Personen eingesetzt wurden. Damit bliebe die Durchfahrtsmöglichkeit der Polen in die BRD erhalten.

Auf alle Fälle sollten sehr schnelle und wirksame Maßnahmen getroffen werden, und zwar unabhängig von Absprachen mit der polnischen Regierung, die zweifellos zur Verschleppungstaktik neigt.

F. U., Rentnerin, Liebenthal

Mit Bestürzung und Empörung haben wir vom Antrag Hunderter Polen gelesen, die sich in unserem Land ansiedeln wollen. Das Vertrauen zu unserer

Regierung ist noch nicht wiederhergestellt und schon ist sie im Begriff, einen neuen, schwerwiegenden Fehler zu begehen, nämlich wiedermal ihre Bürger zu übergehen. Wir werden gar nicht erst gefragt, und das hat sicher auch seinen Grund.

Die Realisierung des o. g. »Vorhabens« wäre keinesfalls im Sinne der meisten Bürger der DDR. Eine Umfrage würde das klar beweisen. Haben wir nicht schon genug Schwierigkeiten im Land?

Jeder kennt die Mentalität der Polen. Sie sind größtenteils arbeitsscheu und verdienen auch oft ihr Geld nicht auf ehrliche Weise. Die Ablehnung der DDR-Bürger gegen die Übersiedlung von Polen muß unserer Regierung hinreichend bekannt sein, sonst wäre in der BZ nicht vorsichtig darauf hingewiesen worden, daß es sich damit um meist junge Leute und Angehörige der Intelligenz handelt. Wir bezweifeln diese Angaben! Wir protestieren gegen eine Übersiedlung von Polen in die DDR aufs Schärfste!!

Des weiteren sei gesagt, daß wir die Schiebergeschäfte und die unverschämten Preise der Polen täglich auf unseren Straßen vor Augen haben. Keine der Behörden greift dagegen ein und verhindert den individuellen Handel – unbegreiflich! Wie Ihnen bekannt ist, reagiert die Westberliner Bevölkerung genauso sauer auf die Belagerung ihrer Stadt durch die Polen. Die Polen sind in unserer Bevölkerung im allgemeinen auch nicht sehr beliebt. Nebenbei bemerkt, sind diese Menschen nirgendwo gern gesehen, angefangen bei den Tschechen und Bürgern der Baltischen Nationalitäten bis hin zu vielen Menschen in kapitalistischen Ländern. Kein Volk führt sich so im Ausland auf wie das polnische!

Leider werden seit langer Zeit in unserer Wirtschaft viele Polen beschäftigt. Es gibt genügend Beispiele dafür, wie groß die Probleme mit ihnen sind. Ein Lied kann die DR (Deutsche Reichsbahn) dazu singen. Die Polen sind für uns eine große Belastung, eben wegen ihrer legeren Einstellung zu vielen Dingen des Lebens. Warum wollen wir uns also mit weiteren Polen zusätzliche Probleme schaffen? Warum ist gerade jetzt das Interesse an unserem Land so groß? Was denken die Leute sich?

Vielleicht hat sich dort die Überzeugung breitgemacht, daß die DDR seit der Wende ein Schlaraffenland ist und man gar nicht mehr zu arbeiten brauche?! Die Polen wären jedenfalls die ersten, die das in Anspruch nehmen würden.

Die Basis der allgemein negativen Haltung gegenüber den Polen ist nachweislich von den Polen selbst gelegt worden und nicht erst heute und nicht nur bei uns!

Zugegeben, alle Polen sind nicht so wie der »übliche Schlag«, dennoch lehnen wir die Übersiedler aus Polen ab, wir wollen sie nicht hierhaben. Die-

ses Problem wird im ganzen Land diskutiert, und keiner der uns bekannten DDR-Bürger, in Berlin, im Norden oder Süden, würde diese Maßnahmen begrüßen!

Woraus resultiert eigentlich dieser Wunsch von seiten der Polen, zu uns übersiedeln zu wollen?

Italienische Bürger haben sich auch beworben, hier leben zu dürfen. Sie sind von der Regierung der DDR abgelehnt worden – warum? Lieber Italiener als Polen in unserem Land.

Im Namen der Mitarbeiter mehrerer Bereiche
des Betriebes VEB Haushaltelectric Berlin
Bärbel R., Berlin, 1136

An die Stadtkommandanten der USA,
Großbritanniens und Frankreichs in Westberlin

Wir, ein Kollektiv von Verkäuferinnen des Centrum-Warenhauses am Hauptbahnhof, haben mit großem Interesse gelesen, daß Präsident Bush, Premierministerin Thatcher und Präsident Mitterrand den Reformkurs in der DDR begrüßen und unterstützen.

Wäre es nicht in diesem Sinne, wenn Sie die Bürger Ihrer Staaten, die aufgrund des Viermächteabkommens in Berlin stationiert sind, darauf hinweisen würden, sich bei Käufen in unserer Stadt zurückzuhalten, besonders beim Kauf subventionierter oder nicht in ausreichender Menge vorhandener Waren?

Das würde auch dazu beitragen, negativen Meinungen in unserer Bevölkerung gegenüber Ihren Untergebenen und deren Familienangehörigen entgegenzuwirken.

Ein Kollektiv des CWH am Hauptbahnhof Berlin

Ich bin besorgt um das Klima des Miteinanderlebens mit ausländischen Arbeitern, die in unserem Land leben und arbeiten und damit beitragen zum wirtschaftlichen Erfolg. Wir sollten uns für sie interessieren und sie in unser gesellschaftliches Leben einbeziehen. Diese Frage kann nicht durch Verordnungen geregelt werden ... Ausländerfreundlichkeit würde uns besser stehen. Auch gegenüber Besuchern aus sozialistischen Ländern dürfen Feindseligkeiten nicht aufgebaut werden. Es widerspricht dem Gedanken der Solidarität, wenn dieses Thema in der Form behandelt wird.

Helga P., Berlin, 1070

Erlebt in der Kaufhalle Leipziger Straße. Ein Asiate in Uniform, vielleicht Koreaner oder Chinese, wollte sechs Tüten Bonbons kaufen, 2mal Cola-Bonbons, 2mal Milchbrocken und 2mal eine andere Sorte. Das wurde ihm erst von der Kassiererin verweigert. Dann kam ein Mann in Zivil mit Klappkarte … Auf meinen Einspruch, daß der Gast weder hoch subventionierte Waren noch Großhandelsmengen erworben hätte, wurde mir erwidert, ich könne mich ja beim Polizeipräsidium beschweren … Meines Erachtens wird damit eine regelrechte Pogromstimmung erzeugt … Muß man denn die latente Ausländerfeindlichkeit in unserem Land durch schikanöses Handeln in der ganzen Welt bekanntmachen? Mir jedenfalls ist so etwas sehr peinlich.

Monika O., Berlin, 1040

Ich begrüße Maßnahmen der Regierung, die sich gegen Schieber und Spekulanten richten. Zugleich bin ich enttäuscht und beschämt, wenn darauf so etwas wie eine Kampagne gegen andere Völker wird. Die Kritik polnischer Zeitungen erscheint mir nicht unbegründet. Haben nicht gerade wir Grund genug, bei allen Maßnahmen und Aktionen sehr sensibel zu prüfen, ob es nicht falsch verstanden werden kann, daß andere Völker für bei uns vorhandene Mißstände verantwortlich gemacht werden.

Christa Sch., Berlin, 1156

In vielen Gesprächen höre ich, daß die Polen faul und arbeitsscheu sind. Das ist eine infame Unterstellung. Schon unterm Kaiser sind polnische Arbeiter als Landarbeiter bei uns ausgebeutet worden. Bei Hitler mußten polnische Zwangsarbeiter unter unmenschlichen Bedingungen arbeiten. Sollte man nicht mal hinsehen, wie unsere wunderbaren deutschen Menschen an fast allen Bahnhöfen und Kaufhallen ihre Waren verhökern. Mies und gemein ist es, ein ganzes Volk abzuwerten. Wir Deutschen müßten uns doch mal an unsere eigene Nase fassen … Für meine Enkelkinder wünsche ich mir ein Leben im wirklichen Sozialismus, in Freundschaft mit allen Völkern.

Helga K., Berlin, 1170

Die kürzlich eingeführten neuen Zollbestimmungen und Einkaufsbeschränkungen für ausländische Bürger wurden häufig als Rechtfertigung für Ausländerfeindlichkeit mißverstanden und mißbraucht: Ein vietnamesischer Arbeiter kann Einkäufe für seinen Heimaturlaub nicht tätigen, selbst bei Vor-

lage seines Ausweises nicht. Man sagt ihm nur: »ausverkauft«, »alles weg«. Er hat Schwierigkeiten mit der deutschen Sprache und kann sich daher nicht verteidigen. Ein ausländischer Student berichtete mir, um 300 Gramm Wurst zu kaufen, mußte er seinen Ausweis zeigen. Ich bin entschieden für die Rücknahme dieser Maßnahmen ...

Daniela N., Berlin, 1110

Zur Veröffentlichung, daß 2600 Polen aus Stettin, Danzig und Breslau (um Schreibfehler im Polnischen zu vermeiden, nenne ich die ehemals deutschen Städtenamen) die Übersiedlung in die DDR beantragt haben. Hilfe!!! kann ich da nur sagen, und hoffentlich wird dem nicht stattgegeben und wenn, dann nur nach ganz gründlicher Prüfung. Denn was wir bisher von den polnischen Bürgern erfahren und gesehen haben, stinkt ja fast zum Himmel. Da ist nicht nur der berüchtigte Polenmarkt in Westberlin. Da sind nicht nur die Hamsterkäufe in den Geschäften der DDR – Grundlage des Spekulantentums. Ich gehe noch einen Schritt weiter. Da ist auch die Oder-Neiße-Grenze, die ich voll akzeptiere um des lieben Friedens willen. Aber was haben die Polen aus den ehemals blühenden Ländereien Schlesiens, Pommerns und Ostpreußens gemacht? Polen könnte aufgrund der Bodenstrukturen der genannten Ländereien die Kornkammer des RGW sein. Statt dessen hält es »die Kralle auf«, wie der Berliner sagt, und giert nach harten Krediten, statt selbst in die Hände zu spucken.

Sicherlich gibt es auch polnische Bürger, die sich vom Tun dieser Spekulanten abgrenzen. Aber ist es nicht bezeichnend, daß jetzt immer wieder solche Wörter wie »Pollacken« oder »polnische Wirtschaft« auftauchen (was ich allerdings nicht gutheiße)?

Ich habe übrigens eine polnische Freundin, auch Journalistin, die mir schon zu Beginn unserer Bekanntschaft sagte: »Während ihr Deutschen fleißig arbeitet, erzählen, rauchen, trinken wir lieber und versuchen, bei jeder möglichen Gelegenheit irgendeinen Handel zu beginnen ...« Aus all dem resultieren meine ... Befürchtungen wegen der Übersiedlung polnischer Bürger.

H. H., Berlin, 1017

Seit Wochen und Monaten lese und erlebe ich, wie die polnischen Spekulanten und Schmuggler quasi mit Samthandschuhen angefaßt werden. ... Der Unmut der DDR-Bürger hat sich bei leeren Regalen meistens gegen die Unrentabilität der DDR-Wirtschaft gerichtet, in Wirklichkeit kann man schon fast damit rechnen, daß die Polen wieder mal »zugelangt« haben, wenn viele Waren des täglichen Lebens trotz zeitraubenden Herumlaufens nicht zu bekommen sind. Warum sperren wir nicht endlich die Grenzen für diese unerträglichen Schacher-Touristen, warum werden keine gesonderten Grenzübergänge nach Westberlin für die Polen bestimmt? Vielleicht wollte man das auch gar nicht, steht doch besonders jetzt die Hilfsbereitschaft mit dem durch den Hitler-Faschismus schwer geschädigten polnischen Volk hoch im Kurs. Wenn die polnische Wirtschaft jetzt am Boden liegt, ist das ... nicht die »Schuld« der DDR, vielleicht wäre »ranklotzen« besser gewesen als ständig zu streiken. Außerdem würde ich ganz gern auch mal darüber etwas sagen, wie unverschämt und frech sich die vollgepackten Polen gegenüber DDR-Bürgern benehmen, was bisher auch nicht zur Sympathiebildung beigetragen hat.

Gerda R., Berlin, 1195

Allerdings stellen wir mit Befremden fest, daß stets unsere östlichen Nachbarn für Hamsterkäufe verantwortlich gemacht werden. Nach unserer Meinung wird hier zielstrebig übelster Chauvinismus geschürt. Warum werden in diesbezüglichen Artikeln die Amerikaner mit keinem Wort erwähnt, sondern nur einmal die Alliierten pauschal ... Vielleicht könnten Sie sich entschließen, die Amerikaner in derselben Form und Stärke anzugreifen, wie Sie es schon ganz massiv gegen die Polen taten!

Familie H., Berlin

Ein Ausverkauf der DDR darf nicht stattfinden. Doch ich sehe mir in den letzten Tagen das Geschehen in unseren Geschäften sehr kritisch an. Der Grund – meine Mutter ist Ausländerin, die seit 30 Jahren in der DDR lebt und arbeitet. Wie viele solcher »Ausländer mit ständigem Wohnsitz in der DDR« genießt sie dieselben Rechte und Pflichten wie DDR-Bürger ... Doch zum »Ausweiszeigen« kommen viele von ihnen gar nicht. Weil so manche – sicher begründeterweise verärgerte – Verkäuferin diese Kunden einfach stehenläßt ... Das ist für einen Ausländer mehr als beleidigend.

Seit Jahren bemerke ich eine wachsende Feindseligkeit gegenüber Ausländern in unserem Land. Das Ausmaß ist erschreckend. Viele Betroffene können das bezeugen. Diese Feindseligkeit zeigt sich nicht nur durch offene nazistische Auswüchse, wie sie leider auch unserer Stadt nicht unbekannt sind. Man spürt sie im täglichen Leben. Wir bauen diese Feindseligkeit mit den neuen Einschränkungen nicht ab. Im Gegenteil, wir begeben uns als DDR durch falsche Handhabung dieser sehr stark in die Gefahr, Ausländerhaß zu schüren.

Wir DDR-Bürger haben absolut keine Veranlassung, uns als etwas Besonderes zu fühlen. Als Touristen sind unsere Landsleute im nahen Ausland ohnehin auch wegen Einkäufen, Hamsterei und Überheblichkeit nicht immer gern gesehen. Das sollen wir nicht vergessen. Unser Land braucht Arbeitskräfte. Künftig werden auch wir speziell dafür ausländische Bürger in unsere DDR holen. Ein Auftreten unserer Leute wie gegenwärtig ist weder ein gutes Aushängeschild für unser Land noch ein Ansporn, hier leben zu wollen.

Karina B., Berlin, 1020

Es ist das erstemal, daß ich mich an eine Zeitung wende, um meine tiefe Besorgnis zum Ausdruck zu bringen. Anlaß ist der in Ihrer Zeitung am 17. 11. 1989 erschienene Artikel »Zerlegtes Moped im Lkw aus Bulgarien entdeckt« (Seite 1). Es ist für mich eine erschreckende Erkenntnis, daß die in ihrem Artikel beschriebene »zunehmende Verärgerung und Sorge bei der Bevölkerung« aufgrund »massenhafter Abkäufe von Industriewaren und Lebensmitteln durch ausländische Touristen« bei unseren Bürgern nicht nur Verärgerung und Sorge ist, sondern sich offen als Verachtung und Haß äußert.

Als in den siebziger Jahren durch den visafreien Verkehr zum Beispiel die polnischen Bürger verstärkt in unserem Lande arbeiteten und natürlich auch mit gutem Recht einkauften (vorwiegend Artikel, die in ihrem eigenen Land knapp und/oder oft nur in schlechter Qualität und zu hohen Preisen erhältlich waren), da machten mich schon damals abfällige Bemerkungen meiner Mitmenschen (Kollegen, Bekannte, Verwandte, Verkäuferinnen ...) wütend und zugleich betroffen, wenn es um die »faulen« und »schachernden« Polen ging.

Ich habe mir so manchesmal in Diskussionen den Zorn anderer durch meine Verteidigung der Verhaltensweisen der polnischen Bürger zugezogen. Durch das Schließen der Oder-Neiße-Friedensgrenze 1981 erübrigten sich solche Auseinandersetzungen. Seit etwa drei Jahren fällt mir wiederum auf, daß Bürger aus Vietnam und Moçambique, die bei uns zeitweilig arbeiten und oft unter nicht beneidenswerten Umständen bei uns leben, Beschimpfungen und Diskriminierungen durch uns DDR-Bürger ausgesetzt sind. Das kann man sowohl in der Kaufhalle, in der Betriebskantine, in öffentlichen Verkehrsmitteln oder auch in jedem beliebigen Geschäft beobachten.

Es bringt mich jedesmal in Wut, und ich schäme mich auch für andere. Wo liegt das Grundübel?

Unsere Bürger geben aus Unwissenheit oder Bequemlichkeit den Ausländern die Schuld, daß die DDR-Wirtschaft nicht in der Lage ist, ein ausreichendes Warensortiment anzubieten. Kann der ausländische Bürger dafür, daß bei uns fast alles knapp ist, daß die Preise durch Subventionen total verfälscht sind und vor allem, daß in seinem Heimatland die Versorgungslage noch viel schlimmer ist?

Wäre es nicht viel besser und richtiger, die Umstände und Bedingungen, die zu solchen Verhaltensweisen führen, zu verurteilen und dafür zu sorgen, daß diese verändert werden? (Auch muß ein Land damit leben können, daß zum Beispiel Soldaten der alliierten Streitkräfte Englands, die in Westberlin stationiert sind, Kristall- und Glaswaren kaufen.)

Ich muß so an die Bundesbürger denken, die ihren ausländischen Mitbürgern auch nicht unbedingt Verständnis und Wohlwollen entgegenbringen. Das äußert sich meiner Meinung nach im besorgniserregend hohen Zuwachs an Wählern und Sympathisanten der REPs.

Man kann auch Stimmen bei uns hören wie: »Die würden das alles regeln und für Ordnung sorgen. Die würden aufräumen mit den Pollacken und allem Ausländerpack.«

Haben sich denn diese Menschen, die so etwas äußern oder auch nur denken, einmal gefragt, wie wir in den Augen der Bundesbürger aussehen, wenn wir (und das nicht erst seit Öffnung der Mauer) von Verwandtenbesuchen und jetzt auch von Einkaufsbesuchen aus der BRD oder Westberlin in die DDR zurückkommen, vollbepackt mit Westartikeln, vom Waschpulver über Schokolade bis zur Stereoanlage, gekauft von geschenktem Geld? (Oder wir können auch an den Einkaufstourismus der DDR-Bürger in der ČSR oder Ungarn denken.)

Hat jemals einer von ihnen Angst gehabt, wir würden alles aus ihrem Lande schleppen und uns deswegen gehaßt? Im Gegenteil (bis auf einige Ausnahmen), sie sind gastfreundlich, und wer Glück hat, bekommt sogar eine Tasse Kaffee spendiert und mehr. Gibt es einen DDR-Bürger, der einem Polen oder Vietnamesen, Tschechen oder Moçambiquer spontan eine Tasse Kaffee angeboten hat? Der sollte mir schreiben, er würde mich in meiner Besorgnis ein wenig beruhigen.

... Ist es nicht möglich, in der Berichterstattung, die die bei uns arbeitenden und lebenden oder auch nur zu Besuch weilenden Ausländer betrifft, dazu beizutragen, daß dem Ausländerhaß entgegengewirkt wird? Wehret den Anfängen, auch bei uns in der DDR.

Sabine und Günter N., Berlin, 1058

Die Direktorin des Centrum-Warenhauses am Alex, Frau Vera Lehmann, gibt in Ihrer Zeitung (Berliner Zeitung) ein Interview und erklärt, daß der Mangel an Kinderschuhen unter anderem daraus resultiert, daß ausländische Touristen diese Schuhe wegkaufen und sich unter diesen viele Spekulanten befinden. Das ist in den Raum gestellt und müßte erst einmal bewiesen werden.

Ich frage Sie, wie lange wollen Sie dem Thema Ausländerfeindlichkeit noch Zündstoff geben? Ich höre um mich herum beim Anstehen: Die Polen sind eben faul, die Tschechen sind dreckig, und die Vietnamesen kaufen uns die Fahrräder und die Nähmaschinen weg – das Geld dafür haben sie bei uns übrigens verdient –, und Schwarze belästigen unsere weißen Frauen. Und Ihre Zeitung unterstützt dieses schändliche Gerede noch, indem sie solche Interviews veröffentlicht.

Ich habe in vielen Jahren Freunde in diesen Ländern gefunden. Ich reise auch dorthin, und ich kaufe dort auch ein, aber ich weise zurück, daß ich ein Spekulant bin, und ich kann das für meine vielen Freunde auch nur tun. Reden und schreiben Sie nicht so vieles über ein europäisches Haus? Wenn wir dort einmal eine Wohnung finden wollen, dann bitte beschäftigen Sie sich ernsthaft damit, wie diese Ausländerfeindlichkeit behoben werden kann. Sie haben als Journalisten eine Verantwortung, werden Sie sich dieser Verantwortung bewußt.

Ingrid B., Berlin, 1193

Mein Mann ist in Polen geboren. Es ist jedesmal für uns eine Beleidigung, mitanhören zu müssen, wenn sich Kollegen unterhalten, daß man es jetzt den Pollacken so richtig gegeben habe.

Sabine C., Berlin, 1157

Meiner Ehefrau war es verboten, ein Kilogramm Bananen für unsere Kinder zu kaufen, weil sie keinen Ausweis mit sich führte. In einem anderen Fall wurden ihr gegen Vorlage ihres Personaldokumentes 100 Gramm Leberwurst verkauft. Wenn ich solche Verkaufspraktiken verfolge, möchte ich an die Polizeiverordnung vom 6. Juli 1940 erinnern, wo auch ein in dieser Verordnung genannter Personenkreis eine Reihe von Einschränkungen erdulden mußte. Diese Umtriebe dürfen sich nicht wiederholen … Sind wir nicht in der Lage, für ausgewählte Positionen das Maß der Menge festzulegen, um Wuchergeschäfte zu vermeiden …? Wir sind es unseren Gästen schuldig, sie mit der notwendigen Achtung zu bedienen, zumal sie selten unse-

rer Sprache mächtig sind und auch auf die Hilfe freundlichen Personals angewiesen. Wir haben es nicht nötig, uns mit Schmutz zu beladen, das Ansehen unserer Nation zu schädigen.

Sina und Andreas G., Berlin, 1140

Wenn ausländische Touristen die üblichen kleinen Touristik-Einkäufe nicht mehr realisieren können, sogar in einigen Gaststätten nicht bedient werden, empfinde ich das als beschämend.

Bezogen auf unser östliches Nachbarvolk empfinde ich das hinsichtlich der Schatten der Geschichte als verheerend. An dieser Stelle wird das europäische Haus mit modrigem Holz gebaut!

Dr. Hans-J. H., Berlin, 1017

Ich bin ein ausländischer Werktätiger, der ein durch Subvention begünstigtes gutes Leben hat. Trotzdem bin ich dafür, daß man schrittweise oder teilweise die Subventionen abschaffen muß. Dazu braucht man Zeit. Deshalb finde ich die Maßnahmen gegen Schieberei und Spekulationen richtig und notwendig. ... Gerade Touristen (nicht nur polnische) nutzen die Subventionen zu ihren Gunsten. Ich kenne auch Vietnamesen, die in der DDR lange Zeit als Touristen weilten und in die Kaufhäuser rennen, um subventionierte Waren zu kaufen, die sie dann weiter ihren Landsleuten verkaufen, und zwar mit einer »Handelsspanne«. Diese Touristen verdienen viel besser als Brotverdiener in den Betrieben.

D., Berlin, 1136

Wir sind ein Land, das nachweislich und anerkannt keine Ausländerfeindlichkeit kennt, das Solidarität mit den Völkern übt und auch gegenüber unserem polnischen Nachbarn stets Toleranz, Anerkennung seiner großen Leistungen beim Wiederaufbau seiner Wirtschaft und Gesellschaft ausdrückte – auch der beim Aufbau in unserem Lande – und vor allen Dingen für eine friedliche, ja freundschaftliche Grenze sorgte. Deshalb ist die Meinung der »Trybuna Ludu« und anderer polnischer Medien völlig unverständlich, daß die Maßnahmen unserer Regierung gegen Schmuggel und Spekulation u. a. als antipolnischer Akt bezeichnet werden. Wären die Autoren dieser Meldungen einmal persönlich auf dem »Polenmarkt« in Berlin-West und auch auf unseren Straßen und Märkten gewesen, hätten sie sich dort den Umfang der zum Kauf angebotenen Waren angesehen, hätten sie in unseren Geschäften die Dimensionen der Einkäufe und die Herkunft der Einkäufer sowie deren Taktik studiert, dann wären sie selbst darauf gestoßen, daß es nicht die Mehrheit des polnischen Volkes ist, sondern organisierte Spekulanten und Schieber und somit auch Leute, die selbst nicht viel für das Wohl des gesamten polnischen Volkes tun. Vielleicht wäre auch diesen Autoren zu empfehlen, in ihrem Land ähnliche Maßnahmen gegen Spekulanten und Schieber vorzuschlagen, damit dem fleißigen polnischen Volk die Früchte seiner Arbeit auch zugute kommen.

D., Berlin, 1055

Ich fuhr mit der S-Bahn von der Arbeit nach Hause, ein hörbar angetrunkener Mann räsonierte um sich herum – von den »bösen Kapitalisten«, die jedem, auch dem kleinsten Kind aus dem Osten 100 Mark schenken; von den Polen, die zu Hause bleiben sollen, statt hier alles wegzukaufen. Dann sagte er zu einer jungen schwarzhäutigen Frau: »Und Du geh in den Busch und häkel da.«

Ich sah den Mann empört an – aber ich schwieg. Alle anderen im vollbesetzten S-Bahn-Wagen schwiegen auch. Ich gebe meine Adresse nicht vollständig an. Ich habe Angst. Ich fühle mich ungeschützt. Keiner, der dies liest und/oder ähnliche Erfahrungen (auch mit eigenem Schweigen) hat, soll später sagen: Davon habe ich nichts gewußt.

Ich lese, daß die Zahl entlarvter faschistischer Umtreiber sich in kurzer Zeit verdreifacht hat. Wie sollen in unserem Land die in der Verfassung verankerten Grundsätze wie Antifaschismus, Antirassismus von Staats wegen durchgesetzt werden? Mit Appellen allein? Solches halte ich für leichtsinnigen Idealismus. In großer Sorge.

A. L., Berlin, 1147

Ich bin Eisenbahner auf dem Berliner Hauptbahnhof. Wir, meine Kollegen und ich, sehen jeden Tag die Welle der polnischen »Handelstouristen«. Wir Eisenbahner müssen uns jeden Tag mit diesen Menschen befassen. Im Bemühen, Ordnung und Sicherheit auf dem Bahnsteig, an und in den Zügen aufrechtzuhalten, müssen wir uns als »Nazi, Kommunistenhure und Verbrecher« von polnischen Bürgern beschimpfen lassen. Wir werden tätlich angegriffen und mit Messern bedroht …

Hat sich Frau Hoppe (»Betrifft 40 Mio Polen«, BZ vom 16./17. 12., S. 12), die sich für die polnischen Spekulanten ausspricht, einmal von Mai 1989 bis Dezember 1989 angesehen, was sich auf dem Hauptbahnhof tut? Kann sie sich vorstellen, wie diese Menschen auf einfahrende Züge springen, durch die Fenster klettern, wie total überfüllte Züge aussehen? Sie schreibt, daß sie zwei Kinder hat. Hat sie schon einmal gesehen, wie sich diese »Handelstouristen« völlig entmenscht Kindern gegenüber benehmen?

Wird sie bei ihrer Arbeit bedroht oder geschlagen? Ich bin mit ihr einer Meinung, daß nicht alle Polen so sind. Aber 80 Prozent der Reisenden, die den Hauptbahnhof anfahren, betreiben »Schiebergeschäfte«. Unsere Gepäckautomaten sind die reinsten Schmuggeldeponien.

Nichts gegen vernünftige Touristen, nichts gegen polnische Arbeiter, die in der DDR arbeiten. Aber so nicht. Ich begrüße unsere Maßnahmen und finde sie nur für unsere Bevölkerung gerecht.

Jürgen M., Berlin, 1143,
Eisenbahner seit 30 Jahren,
Schichtleiter Brigade IV, Hauptbahnhof

Als ich Ende September 1989 im Centrum-Warenhaus am Alex eine Nähmaschine kaufen wollte und mit dem Verkäufer darüber sprach, kamen etliche Polen, gingen, ohne auf mein Gespräch zu achten, an den Verkäufer heran, steckten ihm was zu, worauf er mich stehen ließ, wegging und mit einer Nähmaschine, die angeblich nicht am Lager war, zurückkam. Er bot sie den Polen an. Als ich etwas dagegen sagte, wurde ich von einem Polen mit »du ruhig, du Faschist« beschimpft! So geht es uns im eigenen Land. Das sollte sich die polnische Regierung klarmachen, denn scheinbar versteht man dort nicht, worum es eigentlich geht.

Joerg S., Berlin, 1199

Die Auswirkungen der neuen Zollbestimmungen auf eine wachsende Ausländerfeindlichkeit in unserem Land sind von erheblichem und zugleich beschämendem Ausmaß. Ein kleines und sicher nicht das schlimmste Beispiel mag dieses illustrieren: Einem ausländischen Bürger werden aus einem Einkaufswagen, in dem sich zwei Toastbrote und eine Packung Eier befinden, die Eier und eines der Toastbrote von der Verkäuferin herausgenommen, geschehen am 30. 11. 1989, abends, im Centrum-Warenhaus Alex. Die auch von der BZ mitgetragene Propaganda mit polemischen Überschriften über das »Spekulantentum der Polen« gegenüber kleinen Anmerkungen, die zum Nachdenken bewegen könnten, richten einen sehr großen politischen Schaden an, der in keinem Verhältnis zu einem eventuellen ökonomischen Nutzen steht. Die echten großen Spekulanten, von de-

nen es in der DDR ebenso viele gibt, werden so nicht getroffen, nur wieder einmal Sündenböcke für unsere Mangelwirtschaft und unser Versagen gesucht und gefunden.

Jedes Land hat das Recht, die Interessen seiner Bürger zu schützen, aber nicht das Recht, Nationalismus und Überheblichkeit gegenüber anderen Völkern zu schüren. Besonders gegenüber den polnischen Menschen müßten wir auf Grund unserer schuldbeladenen Vergangenheit sensibel sein und bedenken, was wir zum Beispiel in ihrem Freiheitswillen von ihnen gelernt haben.

Mitglieder der Arbeitsgruppe »Gegen Vorurteile und Feindbilder«, Neues Forum Berlin,
Reinhild M. / Katharina B. / Andrea K. /
Gert Sch. / Eckhard M.
Dr. Clemens D. / Elisabeth F.

Ich bin als Grenzkind 1925 im damaligen Król-Huta, jetzt Chorzów/Slask, aufgewachsen und deutscher Abstammung. Ich war im September 1989 in Katowice zu einem vierzehntägigen Besuch bei einer dort lebenden Angehörigen, nicht zum ersten Mal. Ich habe im Zug erlebt, wie geschoben wurde. Ich saß allein als Deutsche im Abteil. Mich wollte man meines Platzes verweisen, was der Zugschaffner verhinderte. Mit einem Lächeln zahlte eine Polin 140 000 Złoty Gebühren für illegale Ausfuhr von Waren an den polnischen Zoll, ganz zu schweigen vom Benehmen. Ich habe aber auch die Not und Armut in Polen erlebt. Und was mich zutiefst berührte war, daß es in dem Bergbaugebiet Läden gibt, wo hochwertige Erzeugnisse nur gegen Ausweis verkauft werden. Wie immer diese Regelung auch zustande kam und wen sie betrifft (?) – Fakt ist, daß ich diese Waren in den zahlreich bestehenden An- und Verkaufsläden in der Hauptstraße von Chorzów zu ganz erheblich teureren Preisen wiedergefunden habe.

Die Ärmsten der Armen, die Rentner und Kranken, werden gottlob um das notdürftigste geschützt ... Und ich habe auch gesehen, wie arbeitende Jugendliche, die zeitweilig sich in unserer Republik durch Fleiß ihr Geld verdienten, ihre gekauften Waren ausbreiteten. Sie durften kaufen und mitnehmen, was ihnen beliebte, und so soll es auch bleiben ... Mir machen die offiziellen polnischen Reaktionen Angst. Es ist nicht das erste Mal, daß unsere Beziehungen in Frage gestellt werden, und – ich habe die Jahre 1937–1939 erlebt – ich kann in meinem Alter wohl einschätzen, wem man versucht, den schwarzen Peter zuzuschieben. Wir haben uns nicht zu ent-

schuldigen. Vieles beruht auf Gegenseitigkeit. Wir sollten gemeinsam aber alles tun, die Mißstände zu beseitigen um der Menschen willen.

Lydia Sch., Berlin, 1120

Wenn man die Berichte über den Umfang der Spekulations-Touristik liest, die nach langem Schweigen der Öffentlichkeit einen schwachen Eindruck über das Ausmaß der Ausplünderung unseres Volkes vermitteln, kann man nur mit aller Entschiedenheit fordern, endlich die bestehende Gesetzlichkeit zur Anwendung zu bringen.

Sicherlich wird es notwendig sein, lang- und mittelfristig neue Gesetze und Regelungen zu schaffen. Was wir aber sofort können, Gesetzlichkeit mit aller Konsequenz wiederherzustellen, das heißt, daß mich die Organe unseres Staates konsequent davor schützen, in unredlicher Weise durch Ausländer ausgeplündert zu werden. Dazu zähle ich auch den spekulativen Abkauf subventionierter Waren zu Handelszwecken durch in der DDR arbeitende ausländische Bürger und die Offenlegung von Sonderfestlegungen für sogenannte Freundschaftszüge.

Prof. Dr. J. O., Berlin, 1020

Wie empört war die polnische Regierung über das Abhängen von Eisenbahnwaggons aus der DDR? Wie empört war die polnische Regierung über das Beschädigen von DDR-Pkws in ihrem Land? Wie empört war die polnische Regierung über Teile der eigenen Bevölkerung, die die DDR-Bürger mit allen Mitteln betrogen haben? Was hat die Regierung jemals gegen die Einfuhr solcher Mengen von Waren getan, die offensichtlich zum Schachern gedacht waren? Wer hat dafür gesorgt, daß die Bevölkerung auf Grund der schlechten Versorgung diese Waren zu Überpreisen kaufte? Weshalb hat der Zoll erst jetzt die Gebühren erhöht? Wieso fragt die polnische Regierung nicht einmal die DDR-Bürger, die nach 17 Uhr in Bahnhofsnähe einkaufen müssen?

Und vor allem: Wieso ist nur die polnische Regierung so sagenhaft entrüstet über unsere Maßnahmen, obwohl bei uns auch Bürger aus der UdSSR, aus Bulgarien, der ČSR und Ungarn eingekauft haben? Ich glaube, dies ist wohl ein sicheres Zeichen, welchen Umfang diese Abkäufe wirklich hatten und welche Rolle sie für die polnische Wirtschaft spielten?

Diese Meinung vertritt, auch stellvertretend für viele meiner Kollegen,

Ingo F., Berlin, 1040

Der Willkür der Verkäufer muß unbedingt Einhalt geboten werden. Die Warenverkaufsbegrenzung für Ausländer haben ich und meine Kollegen so verstanden, daß primär subventionierte Waren nicht mehr in großen Mengen verkauft werden, um die DDR nicht zu schädigen und die Schmuggelgeschäfte einzudämmen. Aber, wenn ein polnischer Urlauber für seine Verlobte als Souvenier einen Schal im Exquisit am Anton-Saefkow-Platz kaufen wollte und die Verkäuferin diesen nicht verkauft, weil er Ausländer ist, finde ich es als gefährlich überspitzt. ... Leider haben viele Deutsche sowohl in der DDR als auch in der BRD die Vergangenheit noch nicht überwunden. Wenn die Ausländer sogar an Käufen für den persönlichen Bedarf gehindert werden, dann steht doch im Hintergrund das unsichtbare Plakat »Ausländer raus!«.

E. N., Berlin, 1120

Ich bin Pole, beinahe 65 Jahre. Meine deutschen Sprachkenntnisse stammen noch aus der Vorkriegszeit, die ich dann während des Krieges im Selbststudium weiter gefestigt habe. Als Untertan des Deutschen Reiches, noch minderjährig, mußte ich nach Niederschlesien auswandern und dort ziemlich schwer in einer Glashütte bis Kriegsende arbeiten. Trotzdem ist das für mich kein Grund, mich zu beklagen. Seither bemühe ich mich, die deutschen Sprachkenntnisse weiter zu pflegen sowie meine deutschfreundliche Gesinnung, was hier in Polen manchmal schwer ist, zu zeigen und zu bezeugen. Ich finde, es wäre am besten, wenn es zur Verständigung kommt, um die Verhältnisse wieder gutzumachen. Wir sind doch die nächsten Nachbarn und gehören zusammen im selben Europa. Gleich nach dem Krieg sangen wir während des Welttreffens der Jugend 1951 in Berlin und 1955 in Warschau zusammen das Lied »Jugend aller Nationen, uns vereint gleiches Ziel, gleicher Mut ...« So sollte es ewig bleiben ...

K. Z., Warszawa/Polen

Meine Freunde und Bekannten aus Polen kamen in den siebziger Jahren nicht zu Besuch in die DDR, weil sie sich ihrer Landsleute schämten, aber auch weil sie sich fürchteten, bei uns ein Vokabular zu hören, das sie aus der Vergangenheit in schlechter Erinnerung haben. Beleidigen wir nicht – in keiner Form – ein Volk wegen eines Prozentsatzes krimineller Händler. Sollte es nicht möglich sein, zusammen mit Zoll und Kripo Polens gegen diese Spekulanten vorzugehen?! Ich bin dafür, aber vergessen wir nicht die Last der Geschichte, und verurteilen wir nicht ein ganzes Volk.

Norbert K., Berlin, 1054

Ausländische Bürger, die in der DDR arbeiten, haben das Recht zum gleichgestellten Einkauf wie DDR-Bürger. Jedoch ist zu beachten: Die in der DDR beschäftigten vietnamesischen Werktätigen kaufen auf Grund ihrer Körpergröße fast ausschließlich in Kindergeschäften ... Es wäre dringend erforderlich, in den Konfektionsgeschäften das Sortiment an Bekleidung um die benötigten Größen ohne staatliche Stützung zu erweitern und den Verkauf in Kinderabteilungen gegen Nachweis zu tätigen.

Kollektiv der Oberbauleitung Berlin des Bau- und Montagekombinats Erfurt, KB Ingenieurhochbau Gera

Es gab in letzter Zeit in der Berliner Zeitung Meinungen für eine Öffnung der DDR für Einwanderer. Ich bin voll dagegen. Sieht man sich die Bundesrepublik an, was sie in den fünfziger, sechziger Jahren getan hat, nämlich sich geöffnet hat, und wie es jetzt aussieht: Ausländerfeindlichkeit. Stopp von solchen Sachen, Rausekeln von Ausländern usw. Deshalb bin ich dagegen. Zum Beispiel Westberlin hat wohl ca. 50 Prozent Ausländer. Wollen wir etwa eine Mischrasse darstellen in zwanzig Jahren, oder wollen wir Deutsche in der DDR bleiben? Ich bin gegen die Öffnung der DDR für mehr Ausländer zu Arbeits- und Wohnzwecken.
Vor einigen Jahren wurde ich von Negern hier in Berlin mit Steinen beworfen, jetzt oft von Polen beschimpft und bin vielleicht deswegen so eingestellt ...

Thomas K., Berlin, 1156

Der Autor dieses Briefes ist Bulgare und Medizinstudent im VI. Studienjahr, Pflichtassistent in der Inneren Klinik der Charité. Er schreibt: »Die Einschränkungen beim Einkauf der Ausländer habe ich am Anfang sehr positiv eingeschätzt. Die Verhinderung des Ausverkaufs Ihres Landes und die Bekämpfung der ›schwarzen Geschäfte‹ sind sehr wichtige Motivationen. Meine Besorgnis kommt aus der Tatsache, daß auf diese Weise viele Ausländer – auch Bulgaren – eine große Enttäuschung und Menschenerniedrigung zur Zeit erleben. Sie fahren beleidigt nach Hause und sind fest überzeugt, daß bei einer Gelegenheit in ihrer eigenen Heimat die DDR-Bürger auch auf diese Weise behandelt werden. Natürlich werden sie ihre Eindrücke anderen Landsleuten vermitteln. Was kommt dann heraus? Ein circulus viciosus. Die zurückkommenden DDR-Bürger mit ihren negativen Erlebnissen im Ausland werden dafür sorgen, daß der Völkerhaß weiter hochgetrieben wird. Das muß verhindert werden. Wir brauchen alle ein offenes

Europa ohne Haß und Mißtrauen. Ich bin schon sechs Jahre in Ihrem Land, habe viele Freunde und Bekannte. Es ist sehr erniedrigend, auch für uns als Studenten, sich für Sachen auszuweisen, die wir für unseren täglichen Bedarf brauchen. Man kann vernünftige Zollbestimmungen mit Verstärkung des Zollapparates einführen und eine strenge Kontrolle zur Verhinderung der Ausfuhr von Waren in großen Mengen durchführen, zum Beispiel plötzliche Kontrollen an Bahnhöfen, in Zügen, an Grenzübergängen.«

Petko Sp., Berlin, 1040

Haben wir es nötig, uns polnische Gastarbeiter ins Land zu holen? Angesichts der gegenwärtigen wirtschaftlichen Lage und des massenhaften Ausverkaufs – hauptsächlich durch polnische Touristen – halten wir eine Genehmigung dieser Übersiedlungsanträge für nicht gerechtfertigt. Kann es sich unser Staat wirklich leisten, daß die polnischen Bürger mehr verdienen als ein DDR-Durchschnittsverdiener und die sozialen Maßnahmen in Anspruch nehmen und die Verwandten und Bekannten in Polen – vor allem mit subventionierten Waren – versorgen? Außerdem glauben wir kaum, daß die Arbeitsmoral der Polen in der DDR höher ist als in ihrem eigenen Land.

Petra D. / Jana N. / Anett M. –
Studentinnen, SWH »Victor Jara«
der Humboldt Universität zu Berlin, Berlin, 1141

Protokolle, Interviews und Befragungen

Zu Besuch bei H. in Brandenburg

H. ist Vietnamese. Er wohnt in einem würfelförmigen Wohnheimblock am Rande von Brandenburg.

Ich steige in den 5. Stock, gehe über einen schmalen Flur mehrerer Wohnabteile. Dann bin ich in seinem Zimmer, das er zusammen mit 3 anderen Vietnamesen bewohnt. Es ist eng zwischen den Betten und Schränken, die das Zimmer füllen. Kalenderposter mit buntgekleideten vietnamesischen Schönheiten an den Wänden. Vorn auf einer Ablage Moped- und Fahrradreifen. Koffer türmen sich auf einem Schrank. An der Seite eine Nähmaschine. Vom hinteren Teil geht eine kleine Küche ab, auch ein Balkon. Die Toilette wird gemeinsam mit den Bewohnern anderer Zimmer benutzt. Alles ist sehr sauber. Der Fernseher läuft, eine Serie in SAT 1. H. sitzt mit einem Freund an einem kleinen Tisch in einer Zimmerecke. Er hat mich erwartet, ist sehr höflich. Der Fernseher wird abgeschaltet, mir wird Bier angeboten. H. gibt bereitwillig Auskunft. Ein helles, freundliches Jungengesicht. Er spricht sehr gut Deutsch. Ich erfahre von ihm:

»Ja, ich bin 23 Jahre alt. Ich habe zwei Geschwister: einen Bruder und eine Schwester. Meine Schwester ist 16 Jahre und mein Bruder 10 Jahre alt. Sie gehen beide noch zur Schule. Mein Vati ist im Krieg gefallen, im Krieg gegen die USA. Damals war ich 5 Jahre alt. Meine Mutter hat uns dann allein aufgezogen. Sie mochte auch nicht mehr heiraten. Es ist sehr schwer für sie allein, sie ist Bäuerin. Wir wohnen in einem kleinen Dorf nahe B.; das ist eine Bezirkshauptstadt in der Mitte von Vietnam.

Ich bin sechs Jahre zur Schule gegangen, war danach zwei Jahre auf der Hochschule. Dort bin ich Lehrer geworden, Grundschullehrer. Ich habe aber nicht in meinem Beruf gearbeitet, obwohl ich es eigentlich wollte. Warum ich in die DDR gekommen bin? Ja, das Wichtigste war, weil es bei uns eigentlich zu wenig Arbeit gibt, weil wir so viele Leute sind, auch weil man hier besser Geld verdienen kann und weil ich hier etwas für meine

Mutti und meine Geschwister kaufen kann. Ich habe mich deshalb in der Bezirkshauptstadt gemeldet und einen Vertrag unterschrieben.

Es war alles neu, als ich hierherkam. Bei uns weiß man nicht viel. Wir haben einen Fernseher, aber es wird nicht viel gezeigt. Ich wußte aber, daß es Arbeit gibt und vieles zu kaufen. Sonst wußte ich nicht viel von der DDR und Europa. Aber es ist sehr schön.

Wir sind mit dem Flugzeug hergeflogen, auf dem Flughafen Schönefeld angekommen. Dann sind wir mit dem Bus abgeholt worden. In der ersten Woche habe ich frei gehabt, konnte mich erholen. Wir sind nur im Heim geblieben. Es war für uns sehr schön, als wir all das Moderne gesehen haben. Aber es war viel kälter als zu Hause, wir mußten uns dick anziehen. Wir haben viel schon aus Vietnam mitgebracht, aber sie sind dann mit uns ins Kaufhaus gegangen, um Sachen für uns zu kaufen.

Zuerst sind wir dann zu den Deutschstunden gegangen, danach in den Betrieb zur Ausbildung. Die Sprache fällt mir schwer. Deutsch ist aber eine schöne Sprache, es interessierte mich, so habe ich sie gerne gelernt. Dann haben wir die Ausbildung im Betrieb gehabt. Ich habe aber vorher so etwas nie gemacht, ich habe alles zum ersten Mal im Betrieb gelernt. Am Anfang mußte ich dann in 3 Schichten arbeiten: nachts, in der Früh- und in der Spätschicht. Jetzt sind es nur 2 Schichten. Drei Schichten finde ich besser. Die Nachtschicht macht mir nichts, ich bin nicht so müde. Ich weiß nicht, vielleicht, weil ich ein Junge bin, fällt es mir leichter als den Frauen. Ich würde auch lieber in 3 Schichten arbeiten, weil man auch ein bißchen mehr Zeit hat und ein paar Tage Urlaub mehr. Die meisten waren aber dagegen, weil sie Frauen sind und es auch zu schwer für sie ist.

Zuerst habe ich an der Nähmaschine gearbeitet. Ich habe zusammengenäht, alles, was die Meisterin mir gegeben hat. Die Meisterin ist immer nett zu mir. Ja, manchmal auch streng, das muß auch sein. Müde war ich dann oft schon, aber wenn Kollegen dabei sind, vergeht die Zeit schneller. Nur Vietnamesen haben zusammengearbeitet, außer den Meistern. Wenn Deutsche dabei wären, fände ich es besser. Da kann man auch Deutsch lernen, und wenn wir etwas noch nicht kennen, könnten wir gleich fragen und sie uns helfen.

An der Nähmaschine war ich dann vom Anfang her ungefähr 6 Monate. Dann habe ich in eine andere Schicht gewechselt und eine andere Arbeit gemacht, als Einrichter. Die Meisterin hatte mich gefragt. Es ging, ich konnte mich umstellen. Ich muß nun das Band beschicken, die Kästen füllen und zu den Näherinnen bringen. In dem Bereich arbeiten aber nur 3 Jungs, das ist auch recht langweilig. In meiner Schicht bin aber nur ich, sonst nur Mädchen. Die meisten sind auch sehr jung. Manche sind schnell böse oder beleidigt. Sie sind oft unzufrieden, wir hatten auch manchmal zu wenig Arbeit, das ist nicht schön. Es gab dann anderes zu tun. Aber sie müssen doch etwas verdienen. Wir hatten uns auch beschwert. Jetzt geht es schon. Jetzt arbeite ich in 2 Schichten. In meiner Schicht sind fast vierzig Frauen. Die Arbeit gefällt mir mehr. Es ist besser als an der Maschine. Ich verdiene weniger, aber die Arbeit ist besser. Nähen ist eigentlich nichts für Männer. Die Frauen haben geschicktere Hände und sind fleißiger. Ich habe es auch geschafft, aber ich mußte mich mehr anstrengen.

Wenn ich zur Frühschicht muß, stehe ich um 4.00 Uhr auf: Waschen, umziehen und die Bahn fährt dreißig Minuten. Ich muß etwas früher da sein, ich fange um 5.00 Uhr an. In der Frühschicht arbeite ich bis 14.00 Uhr. Ich esse auch gern in der Kantine. Was neu ist, koste ich dann. Alle mögen es aber nicht. Nach der Arbeit, in der Freizeit, esse ich dann ein wenig und lese etwas in der Zeitung. Manchmal lerne ich noch etwas Deutsch dazu, das Buch ist auf dem Regal. Ich schaue mal hinein, wenn ich etwas nicht verstehen kann, zum Beispiel im Fernsehen. Den Fernseher schalte ich gern ein. Wenn ich zu Hause bin, schalte ich ihn sofort ein. Ich verstehe nicht alles, aber vieles. Ich sehe viel DDR, SAT 1 usw. Am liebsten sehe ich Nachrichten, auch Filme. Den Fernseher habe ich gekauft, er war gebraucht.

Das Kino finde ich auch sehr schön, aber ich war bisher nur selten dort, ungefähr dreimal. Einmal hatte mich auch ein Freund gefragt, ob ich mitkommen würde. Ich weiß nicht mehr, welcher Film es war, es war ein Kinderfilm.

In einer Gaststätte war ich schon öfter. In die Disko gehe ich gern. Aber allein gehe ich nie. Nur, wenn Freunde mitkommen, dann gehe ich dorthin, sonst nicht. Ja, wir waren ein paarmal in der Disko hier im Neubaugebiet. Es gefällt uns dort sehr gut, man ist auch freundlich zu uns. Wenn es leerer ist, kommen wir leichter hinein. Sonst müssen wir oft lange anstehen. Wir sind meistens ungefähr fünf, manchmal mehr. Aber die meisten Vietnamesen gehen nicht dorthin oder nur sehr selten. Die machen dann hier unten Disko, im Heim. Im Keller unten ist dann Musik, und viele Mädchen tanzen. Ja, in der Freizeit mache ich viele Besuche, gehe zu Bekannten, Freunden. Oder sie besuchen mich. Ich bekomme viel Besuch hier aus dem Wohnheim. Ich habe aber auch viele vietnamesische Bekannte hier in Brandenburg; Arbeiter aus der A.-Spinnerei, aus dem S.werk und G.werk. (In Brandenburg arbeiten derzeit 691 Vietnamesen.) Sport machen wir hier nur selten, ein wenig manchmal unten im Sportzimmer. Da kann man Gewichtheben machen, Kraftsport. Einige spielen auch Tischtennis sehr oft. Ich spiele gern mit, aber ich bin nicht so gut, meistens habe ich verloren. Ich mache lieber Besuche. Wenn ich allein bin, sehe ich meist fern.

Unser Essen machen wir hier selbst in der Küche. In der Kaufhalle bekommen wir fast alles, was wir brauchen. Aber davon nicht sehr viel. Die Verkäuferinnen sagen, es gibt nur einiges pro Person. Das ist zum Beispiel ungefähr 1 Kilogramm Reis pro Person, das andere weiß ich nicht so genau. Ich kaufe nicht sehr gern ein, meist dann, wenn nichts mehr zu essen da ist oder wenn ich Lust dazu habe. Jeder kocht meist für sich. Wir haben hier ja auch andere Schichten. Viele machen aber die Mahlzeit zusammen und essen gemeinsam. Wir essen sehr gern Fleisch und trinken hier gern Bier. Es gibt auch Bier in Vietnam, aber es ist sehr teuer. So trinken wir es dort nur an Feiertagen.

Hier in dem Zimmer wohnen vier Mann. Es ist eng. Wir müssen auch einen kleinen Durchgang zur Küche lassen. Wenn ich Nachtschicht habe, komme ich am Tage nicht richtig zum Schlafen. Die anderen müssen ja durch, zur Küche. Da hört man dann schon hin. Ich kann mir ja auch nichts in die Ohren stopfen, einmal ja, aber nicht immer.

Unsere Sachen müssen wir auch hier im Heim selbst waschen. Die Bettwäsche aber nicht, die wird im Betrieb gewaschen. Wir können sie einmal im Monat umtauschen. Sonst waschen wir alles selbst.

Ein Brief nach Hause braucht ungefähr einen Monat. Das ist sehr lange. Aber wir können nur wenige Pakete im Jahr schicken: ein großes Paket und ein Fahrrad. Das müssen wir dann ganz auseinanderbauen. Ich schicke sehr viele Sachen für meine Geschwister, vor allem Jacken und andere Kleidung, zum Beispiel eine Kutte mit Fell. Die werden bei uns nicht hergestellt. So etwas schicke ich gern nach Hause, da ist es für meine Geschwister im Winter etwas wärmer. Aber ich schicke auch Schokolade. Essen gibt es, wenn ich zu Hause bin, genug. Aber alles andere ist sehr teuer. Ich schicke auch Spielzeug für meinen Bruder und Creme für meine Mutter.

Ich schreibe oft auch meiner Freundin. Ich mag sie sehr. Sie ist Schneiderin, hat also denselben Beruf, den ich jetzt habe. Ich habe sehr große Sehnsucht nach ihr. Nächstes Jahr fahren wir endlich mal nach Hause. Ich freue mich schon sehr. Aber nach zwei Monaten müssen wir wieder zurück sein. Ich habe große Sehnsucht nach meinen Geschwistern und meiner Mutter. Aber, was sein muß, muß schon sein.

Am Anfang war das Heimweh am größten. Jetzt geht es schon. Wir haben auch alles kennengelernt. Schwer war es aber zu unserem Silvester, dem Tet-Fest. Da hatten wir großes Heimweh. Es haben auch viele geweint, viele Mädchen. Das Fest ist uns sehr wichtig. Es fehlte uns hier auch viel, was es dann bei uns gibt, zum Beispiel unser Baum fehlte uns. Der Betrieb hat dafür gesorgt, daß wir in einer Gaststätte feiern konnten, hier im Neubaugebiet, ein Jugendclub war es. Aber es war überhaupt nicht das gleiche wie zu Hause. Bei uns feiern wir auch draußen, es ist ganz anders. Es fehlen viele Freunde und eigene Sachen.

Deutsche Freunde habe ich auch, aber sehr wenige. Bei denen war ich auch mal zu Hause. Es sind Arbeitskollegen. Zu mir sind sie sehr nett. Dann will ich auch zu ihnen nett sein. Ja, Bekanntschaften müssen sein. Ich möchte das sehr.

Ja, beschimpft wurden wir schon mal in der Straßenbahn. Es war nicht sehr schön. Ich habe mir nicht gemerkt, was gerufen wurde. Aber viele sind sehr nett. Meistens viele Ältere.

Die DDR ist ein schönes Land. Aber ich möchte doch lieber wieder nach Hause. Heimat ist Heimat. Manchmal, wenn ich Heimweh habe, bin ich traurig, daß ich hergekommen bin. Ich habe dann große Sehnsucht. Aber ich habe mich dran gewöhnt. Die deutschen Mädchen sind sehr schön. Ich tanze gern mit ihnen, es macht Spaß. Zu unseren Diskos kommen auch deutsche Kollegen. Aber ich kenne keine deutsche Freundin eines Vietnamesen.

In Berlin war ich auch vor kurzem. Ich habe vieles gesehen. Es ist viel los in der DDR. Viele Menschen waren an der Grenze. Wir würden auch gern einmal nach Westberlin. Aber es geht nicht, es ist sehr schwer. Die Botschaft erlaubt es nicht.

Viele Leute verstehen nicht, daß wir einiges einkaufen möchten. Wir kaufen aber doch ein wie jeder, das dürfen wir ja. Was sollen wir denn sonst kaufen? Wir kommen in die DDR, um Geld zu verdienen. Wir können das Geld auch nicht mitnehmen. So möchten wir auch Fahrräder kaufen. Nach dem Ende unserer Arbeit hier können wir eine große Kiste schicken. Aber es ist verschieden, manche möchten viele Fahrräder mitnehmen, manche gar nicht. Wir dürfen auch zwei Nähmaschinen nach Hause schicken. In Vietnam gibt es nur selten eine Nähmaschine zu kaufen. Die Fahrräder sind auch nicht gut.

Na ja, ich habe mich an das Leben hier gewöhnt. Es ist jetzt nicht mehr so schwer für mich.«

Aufgeschrieben von Thilo Graetz, Jahrgang 1966, 2. Studienjahr, Ethnographie, Sektion Geschichte der Humboldt-Universität zu Berlin

Einmal bekamen die Kubaner Dominospiele...

Für die vorliegende Untersuchung, welche im Rahmen meines studentischen Praktikums im Sommer 1989 entstand, war ich besonders motiviert, da auch ich als in der DDR studierende Bolivianerin mit Problemen einer zeitweiligen Integration in einem fremden Land konfrontiert bin. Als ich vor 5 Jahren hierher kam, um Ethnographie zu studieren, mußte ich typische Schwierigkeiten, wie fehlende Sprachkenntnisse, Isolation, Vorurteile und Rassismus, erfahren. In Auseinandersetzung damit interessierte mich vor allem, ob die Haupthemmnisse für die Einbeziehung von Ausländern ihr zumeist begrenzter Aufenthalt oder die Intoleranz der Gesellschaft sind.

Berliner Arbeiterwohnheim Charlottenstraße: Erster Kontakt mit den kubanischen Arbeitern

Die erste Begegnung mit den Arbeitern wurde durch eine kubanische Studentin der Humboldt-Universität zu Berlin vereinbart. Mit ihr zusammen fuhr ich ins Arbeiterwohnheim nach Friedrichsfelde-Ost. Das Internat befindet sich in der Charlottenstraße. Es ist umgeben von Gebäuden des ehemaligen Ministeriums für Staatssicherheit der DDR. Die Ausländerheime sind relativ isoliert von anderen Häusern, was einen direkten Kontakt mit den DDR-Einwohnern behindert.

Meine erste Begegnung hatte ich mit Ru. und Os., die beide in einem Zimmer wohnen. Im selben Zimmer lebt auch Od., die Freundin von Os. Sie leben dort schon zwei Jahre zusammen, ohne verheiratet zu sein. Der Raum wird nur durch von ihnen gefertigte Gardinen getrennt, die von einem zum anderen Schrank hängen. In der Mitte des Zimmers befindet sich ein kleiner Tisch, wo wir saßen. Während des ersten Gesprächs war Od. nicht zu Hause. Wegen meines offiziellen Besuchs blieb es während dieses Gesprächs bei einer Distanzhaltung der beiden Kubaner. Dies änderte sich bei unserem zweiten Treffen. An diesem Nachmittag saß Ru. im Klubraum des Arbeiterwohnheimes, der wie eine Bar eingerichtet ist. Wir trafen uns im Korridor und sprachen über meinen unerwarteten Besuch, erst dann verschwand seine reservierte Haltung, und er lud mich in den Klubraum ein.

Bei einer Fiesta am nächsten Wochenende hatte ich die Chance, weitere Leute kennenzulernen. Darunter befanden sich auch Familien. Dies waren Kubaner, die mit deutschen Frauen verheiratet sind und auch Kinder dabei hatten. Außerdem lernte ich kubanische Ehepaare kennen. Dank dieses Festes wurde ich als Bekannte angenommen, was die Arbeit später sehr erleichterte.

Vorleben und soziale Herkunft der Gesprächspartner

Die Mehrheit der von mir Befragten hat in Kuba bereits gearbeitet, jedoch nicht in der materiellen Produktion. Zum Beispiel hatte eine der Frauen in einem Zentrum für Statistik und eine andere als Buchhalterin Arbeitserfahrungen (Ma., M.). Andere hatten gerade ihre Schulausbildung beendet (Od., C.). Die Männer hatten in unterschiedlichen Bereichen gearbeitet. Einer war bei der Zuckerrohrernte dabeigewesen und hatte dann in einem Tourismushotel gearbeitet (Ru.). Andere waren Klempner (Ri.), Elektromonteur (Os.). Einer war Sportstudent an einer Militärschule (A.), ein anderer hatte in Angola seinen Wehrdienst abgeleistet (J.).

Die befragten Personen kommen aus sozial einfachen Verhältnissen. Ihre Eltern sind zum Beispiel als Eisenbahner (Os.), Pförtner (Od.), Lehrer (Ma.) oder Kleinbauern (Ru., M.) tätig. Fast alle haben 4 bis 8 Geschwister, stammen somit aus großen Familien. Einige haben alleinstehende geschiedene Mütter, die für ihre Familien zusätzlich Geld als Waschfrauen verdienten. Das Alter der Befragten schwankt zwischen 20 und 31, wobei der Durchschnitt bei den Frauen bei 22 Jahren und bei den Männern bei 26 Jahren lag. Die Zahl der Leute, die aus der Provinz stammen, überwiegt.

Os. kommt aus Havanna. Er war 1 Jahr und 4 Monate in einem Magazin beschäftigt und später in einer Autowerkstatt. Dann bewarb er sich parallel für ein Theaterstudium und für eine Fachausbildung im Ausland. Nach zwei Jahren Wartezeit, als er gerade eine Woche im Theaterklub arbeitete, bekam er eine positive Antwort für eine Ausbildung in der DDR. Seine Entscheidung für die Arbeit in der DDR war durch die Möglichkeit des Verreisens motiviert.

Als ich die Gesprächspartner befragte, aus welchen Gründen sie sich entschieden hätten, in die DDR zu kommen, war häufig zu hören: Es ist eine Möglichkeit, ins Ausland zu fahren. Oder auch: Arbeiten, um Geld zu verdienen. Dazu bemerkte Ru., daß einige der kubanischen Arbeiter schon zu Hause eine Fachausbildung erhalten, dies aber nicht in ihren Antrag für die Arbeit in der DDR oder anderen Ländern angegeben haben, um ihre Chancen nicht zu mindern. Ru. sagte: »Ich war nicht sehr überzeugt, ins Ausland zu gehen. Aber Freunde haben mich überzeugt, daß ich mir dort viele Sachen kaufen kann, die es in Kuba nicht gibt, insbesondere ein Motorrad. Außerdem die Reise! Als ich in der Zuckerrohrernte arbeitete, hatte ich als Bestarbeiter eine Reise gewonnen, aber zu Hause brauchten wir Geld, und so mußte ich mir die Reise in Geld auszahlen lassen.«

Die Bedingungen für die Stellung eines Antrages als »Kooperativist« sind folgende: Einreichung eines ausgefüllten Fragebogens, eines Lebenslaufes, eines Gesundheitszeugnisses, eines Zertifikats der Zivilverteidigung und einer Beurteilung der Wohnbezirksorganisation der Partei (CDR). Die Wartezeit für eine Zusage für Arbeit in den sozialistischen Ländern war unterschiedlich. Sie betrug zwischen 3 Monaten und 2 Jahren. Es ist zu vermuten, daß die Antworten sehr von den Beschäftigungen und Tätigkeiten der Antragsteller in Kuba abhängen. So hatte zum Beispiel J. 3 Jahre als Soldat in Angola gedient und bekam seine Zusage innerhalb von 3 Monaten, ähnlich wie A., der als Sportstudent in einer Armeesportvereinigung beschäftigt war. Ehepaare werden bevorzugt, dürfen aber keine Kinder haben. So hat zum Beispiel Od. nur geheiratet, um mit diesem Antragsteller gemeinsam schneller in die DDR zu kommen. Die Flugtickets und eine Besuchsreise nach Kuba werden vom kubanischen Staat bezahlt. Der Vertrag gilt für 4 Jahre, kann dann für eine Meisterausbildung – bei guten Ergebnissen – noch einmal 2 Jahre verlängert werden.

Wohnsituation

Als die Kubaner ankamen, waren die Zimmer mit bezogenen Betten vorbereitet. Vier Leute bekamen 1 Zimmer mit eigenem Bad. Die Küche befindet sich am Ende der Etage; 1 Küche mit 5 Herden muß für 40 Personen reichen. Frauen sind in Extrazimmern untergebracht. Aber alleinstehende Frauen habe ich fast nicht getroffen, fast alle haben einen Freund im Wohnheim. Deshalb kommt es oft vor, daß 1 Paar mit 2 einzelnen Männern in einem Zimmer wohnt, oder 2 Paare in einem. Dies zwingt sie, diese Zimmer mit Gardinen zu trennen, um eine private Atmosphäre zu schaffen oder um einen Rest Intimität zu wahren. Meistens werden 2 Ehepaare in einem Zimmer untergebracht. Ri. kam schon verheiratet in die DDR. Er erzählte mir, daß die Beziehungen zwischen Mann und Frau unter diesen Bedingungen leiden. Vor allem sind die Verhältnisse konfliktreicher, wenn die Ehepartner unterschiedliche Schichten haben. Wenn ein Ehepaar gerade schlafen möchte, wollen zum Beispiel die anderen im selben Raum essen und kochen.

Od. sagte: »Manche Ehepaare bekamen anfangs ein Zimmer alleine ..., aber sie haben dafür lange gekämpft. Ich glaube, daß man dies lösen kann, denn hier gibt es viele leere Zimmer, in dieser Etage nicht, aber dafür unten.« Ich fragte Od.: »Wie viele?« »Kann ich Dir nicht sagen, aber einige, ... und seitdem die erste Etage von Vietnamesen bewohnt ist, sind wir noch enger gedrängt.« »Ein anderes Problem ist, daß es verboten wurde, im Zimmer zu kochen, aber wer hat Lust, einen Häuserblock weit zu laufen, um in der Küche zu kochen. Sie haben gesagt, jetzt müssen wir eine Strafe bezahlen, wenn man uns erwischt.«

Ri. sagte, daß er ein Gespräch mit Verantwortlichen des Betriebes hatte und dort über einige Probleme des Wohnheimes gesprochen hätte. Forderungen der Kubaner waren: die Renovierung des Zimmers (später erklärte mir Od., daß dies angeblich im Plan des Betriebes vorgesehen war), die Reparatur der veralteten Möbel und ein Abstellraum für die Sachen, die sie nach Kuba mitnehmen wollen. Die Vertreter der Fabrik erwiderten auf die Forderungen nur lapidar: »Alles, was Sie sagen, sind nur negative Sachen.« Die Stellung der Kubaner dazu ist zum Beispiel: »Ich glaube, es gibt einen Austausch, wir helfen hier in der Produktion, deshalb ist das keine Antwort«, sagte Ri. mir im Interview. Das Gespräch hatte kein Ergebnis. Später konnten die Kubaner mit einem Brief ihres Gruppenleiters an eine höhere Instanz einige Forderungen durchsetzen. Od. meint über das Abstellager, das sie in Marzahn bekommen sollen: »Weißt Du, wie schwer es ist, die Sachen hier zu kaufen und dann nach Marzahn zu bringen, man weiß nicht, ob wir ein Auto bekommen werden.« Im Keller haben alle gemeinsam einen Lagerraum, der voll ist. Und im Zimmer ist kein Platz, etwas abzustellen. Die Schränke sind zu klein für die tägliche Kleidung. Ein Tisch, ein Küchenschrank sowie Besteck für 4 Personen gehören zum Zimmer. Die hygienischen Bedingungen sind nicht optimal. Bei meinem Interview sah ich zweimal Mäuse sowie Schaben in den Zimmern. In dem zu jedem Zimmer gehörenden Bad steht eine Waschmaschine. Je nach Vereinbarung zwischen den Zimmerbewohnern kauft ein Kubaner eine Waschmaschine, die auch von den anderen benutzt wird. Wenn 2 Ehepaare in einem Zimmer leben, haben sie oft 2 Waschmaschinen. Im Internat gibt es einen Fernsehraum und einen Versammlungsraum, wo man auch feiern kann. Außerdem gibt es einen Klub, der eingerichtet ist wie eine kleine Disko, und zwar in jedem Internatsgebäude. Beide Internate haben einen gemeinsamen Garten mit Sitzplätzen und einem Volleyballfeld.

Dank der Hilfe der Betreuerin der vietnamesischen Arbeiter, die ich kennenlernte, konnte ich die Arbeitsstätte vieler Kubaner, das Oberbekleidungskombinat Lichtenberg, besuchen. Kubaner arbeiten in fast allen Abteilungen. Sie stehen aber nur an dritter Stelle in bezug zur Beschäftigtenzahl ausländischer Arbeiter im Betrieb. (Die meisten ausländischen Arbeiter waren aus Vietnam.) Die meisten Männer arbeiten in der Bügelei, beim Verpacken oder in der Zuschneiderei. In dieser Abteilung verdienen sie mehr. Dort geht es nicht nach der Norm, wie in anderen Abteilungen (zum Beispiel Nähabteilung, in der fast nur Frauen bei sehr harter Arbeit tätig sind). Die Löhne sind unterschiedlich. Die ausländischen Arbeiter bekommen ihren Lohn in 3 Raten innerhalb eines Monats ausgezahlt; das heißt 100 M als Vorschuß, 140 M Trennungsentschädigung und zirka 400 M, wenn sie die Normen erreichen. Vorwiegend Frauen haben zu mir gesagt, daß sie die Normen nicht schaffen. Für sie besteht die Gefahr, daß sie deshalb nach Hause geschickt werden können, besonders wenn Disziplinarverstöße vorliegen. Darunter wird – wie mir gesagt wurde – auch Fernbleiben von der Arbeit aufgrund ärztlich bestätigter Krankheit gezählt. Ma. hat eine Eierstockentzündung gehabt, wurde operiert und blieb 3 Wochen im Bett. Aus diesem Grund darf sie nun kein Motorrad ausführen, weil sie die von Kubatecnica bestimmten Fehltage überschritten hat.

Ich fragte, warum Krankheiten darunter gezählt würden. M. sagte, daß als Bedingung für die »Bescheinigung sozialistischer Arbeiter« 95 Prozent Anwesenheit im Unterricht und bei der Arbeit notwendig sind. Wer dies nicht erreicht, bekommt den Schein nicht, und ohne diese Bescheinigung darf man kein Motorrad nach Hause mitnehmen. Ma. arbeitet an einer Nähmaschine im Betrieb »IKS«. Sie erreicht die Norm nicht. Sie erzählte, daß sie 500 Stück sehr schnell schafft, die Norm heißt aber 800 Stück. Da es oft kein Material gibt, die Stücke müssen vorher gebügelt werden, und die Normen beim Bügeln sind 500 Stück, kann sie die Norm nicht schaffen. Sie wollte ihren Arbeitsplatz so wie die anderen wechseln. Einige meinen, Ausländer werden dorthin geschickt, wo es schwieriger ist, die Norm zu erreichen.

Meine Kubaner bekommen zirka 600 Mark bar monatlich. Aber 60 Prozent des gesamten Gehaltes werden auf ein Konto in Kuba überwiesen. Das finden viele sehr positiv, denn mit diesem Geld werden Transport und Zoll für die Waren, die sie aus der DDR mitnehmen, bezahlt. Außerdem steht ihnen so Geld während des Urlaubes zur Verfügung (Ru.). Andererseits würden sie gerne ein bißchen mehr Geld in der DDR bekommen, da es hier viele Waren gibt und diese eine besondere Qualität haben. Deshalb gehen viele Kubaner am Wochenende zusätzlich arbeiten und machen in den letzten Monaten sogar Doppelschichten.

Ro., die Betreuerin der Vietnamesen, erläuterte mir, daß für die vietnamesischen Arbeiter Geld nicht ein Problem ist, erstens weil nur 13 Prozent des Lohnes nach Vietnam überwiesen werden und weil sie nach der Arbeit sehr viel nähen; damit verdienen sie viel mehr Geld als im Betrieb. Bei der Besichtigung des Betriebes deutete die Abteilungsleiterin darauf hin, daß die vietnamesischen Arbeiter Qualität und Norm erreichen, aber die Qualität hat sich in der letzten Zeit verschlechtert. Probleme, wie Schwarzhandel oder häufigere Krankschreibungen, um zu Hause arbeiten zu können, treten bei kubanischen Arbeitern nicht auf. Sie schaffen aber die geforderte Arbeitsleistung oft nicht.

Die Beziehungen während der Arbeit zu den anderen Ausländern sind sehr gut. Ri. meint, daß Kubaner sich mit den Polen besser als mit den Vietnamesen und Deutschen verstehen. Die Polen laden die Kubaner oft zu Partys ein. Der polnische Brigadier hat auch eine Gruppe Kubaner nach Polen eingeladen. Das Verhältnis zu den deutschen Arbeitern ist gut. Manche Kubaner stellten eine enge Bekanntschaft her, die leider nicht dauerhaft ist. Ro. ist sehr befreundet mit einem Arbeitskollegen, der ihn mit seinem Sohn zusammengebracht hat, damit sie Sport treiben und Ro. dem Sohn Boxen oder Karate beibringt.

Die meisten Kubaner waren schon einmal zu Besuch bei Arbeitskollegen oder zum Geburtstag eingeladen. Aber am Wochenende unternehmen sie nichts gemeinsam. Sie gehen auch nicht zusammen in die Disko. Ri. erzählte mir, daß er im Betrieb besonders mit einer älteren Frau Probleme hatte, als er einer anderen Gruppe neben ihm etwas helfen wollte. Er hatte gesehen, daß dort viel weniger Leute arbeiteten. Er wurde von dieser Frau angeschrien, worauf er auf Spanisch zurückschrie. Er sagte mir: »Ich respektiere alte Leute, aber sie müssen auch jüngere gut behandeln. Ich habe auch gesehen, daß sie deutsche Jugendliche so behandelt, aber die lassen es sich gefallen.« Aus solchen Problemen können für Kubaner Disziplinarstrafen folgen.

Freizeit

Das Dreischichtensystem bedingt, daß die Freizeit nach der Arbeit unterschiedlich gestaltet wird. In der Nachtschichtwoche dient diese Zeit nur zur Erholung. Es wird lange geschlafen und ferngesehen. Die Frauen bei den Paaren bereiten das Essen vor. In der Spät- und Frühschicht haben die Kubaner viel Zeit, um einkaufen zu gehen. Trotzdem verbringen sie die Zeit meistens im Internat und besorgen den Haushalt. Am Wochenende gibt es häufig Versammlungen der Partei oder des Kollektives. Die übrige Zeit feiern die Kubaner selber Partys oder gehen in die Klubs der Wohnheime, die von ihnen selber organisiert und geleitet werden. Die drei Klubs werden vorwiegend von einer kleinen Zahl Männer frequentiert. In den Korridoren wird viel Domino gespielt. Im Keller und im Erdgeschoß sind kleine Diskos eingerichtet, dorthin gehen oft Paare. Anfangs haben fast nur Männer die deutsche Disko besucht. Jetzt gehen vorwiegend Männer und Frauen, die alleinstehend sind, dorthin.

Als ich fragte, ob sie in Gaststätten oder Kneipen gehen, nannten fast alle zwei oder drei, in denen sie schon waren. Niemand geht regelmäßig in irgendwelche Gaststätten. Gründe dafür sind, daß es zuviel Geld kostet und die Kubaner oft Schwierigkeiten mit der Sprache haben. Dies merkte ich, als Ru. und andere Kubaner nur Selbstbedienungsgaststätten nannten. Deshalb wird auch der Biergarten im Tierpark gern frequentiert. Ri. bemerkte, daß am Wochenende viele Milchbars, Cafés und Kneipen geschlossen bleiben, was ihm mißfällt. Im Fernsehen laufen zudem uninteressante Programme. Er sagte, in Kuba wäre alles umgekehrt: Gerade am Wochenende haben Cafés und Restaurants länger auf, und dafür in der Woche geschlossen. An den Sonnabenden arbeiten manche der Kubaner, vor allem im Sommer, in einer Gärtnerei, um zusätzlich Geld zu verdienen. Os. ist sehr ambitioniert auf dem Gebiet der Fotografie. Er verdient Geld als Fotograf bei Feiern der Angolaner oder bei Freunden.

Ein vielfältiges Angebot auf kulturellem Gebiet hat es von seiten der Betriebe im Verlauf der letzten drei Jahre nicht gegeben. Mir wurde erzählt, daß am Anfang des Aufenthalts durch das Oberbekleidungskombinat einige Exkursionen in Museen stattfanden, dazu kam eine Fahrt mit der Weißen Flotte und eine Feier am Gründungstag des Betriebes. Auf die Frage, ob der Betrieb Diskos für die Kubaner organisieren würde oder ob ihnen Möglichkeiten für sportliche Betätigung angeboten würden, waren die Antworten negativ. Einmal bekamen die Kubaner Dominospiele gestellt. Die Musikgruppe der Kubaner wird durch die Botschaft der Republik Kuba finanziert.

Sorgen, Hoffnungen und Wünsche

Eine der Hauptsorgen der ausländischen Arbeiterinnen, insbesondere der Kubanerinnen, ist die Schwangerschaft. Wenn eine der Frauen schwanger werden sollte, muß sie auf der Stelle nach Kuba zurück. Od. erzählte mit Hoffnung, daß die vietnamesischen Frauen doch in der DDR Kinder zur Welt bringen könnten, da sie im Betrieb schwangere Vietnamesinnen gesehen hätte. Sie hätte diese gefragt, ob sie das Kind ohne Schwierigkeiten behalten könnten. Eine Vietnamesin hätte ihr geantwortet, daß sie ihr Baby nach der Geburt zu ihrer vietnamesischen Familie bringen muß, sie danach aber wieder zurück in die DDR zur Arbeit kommen könnte. Od. fragte sich, warum die Kubanerinnen im selben Fall nicht die gleichen Rechte hätten. Als ich Od. dann fragte, ob es ihr nicht leid tun würde, ihr Kind dann allein in Kuba lassen zu müssen, antwortete sie mir, daß dies kein Problem für die Kubanerinnen sei, weil meist sowieso das erste Kind von der Großmutter erzogen würde; so ist es in den lateinamerikanischen Ländern üblich. Das Kind ist während der Abwesenheit der Mutter noch klein und wird dann später alles haben können, was es sich wünschen wird, da die Mutter aufgrund ihrer Arbeit in der DDR bessergestellt ist. Ro. (Betreuerin der Vietnamesen) erklärte mir aber später, daß weder Vietnamesen noch Moçambiquer in der DDR während der Zeit ihres Arbeitsvertrages Kinder bekommen dürfen. In den Klauseln des Vertrages ist dies ausdrücklich ausgeschlossen, aber bei den vietnamesischen Frauen erfahren die Betreuer es meistens sehr spät. Darum schaffen die Vietnamesinnen es oft, ihr Kind noch in der DDR zu gebären, bevor ihre Papiere und Dokumente zur Auflösung des Vertrages fertig sind. Danach werden sie in ihre Heimat zurückgewiesen und dürfen nicht wieder in die DDR. Aber man kann Kinder von vietnamesischen Arbeitern hier sehen, da diese ihre Kinder für 3 Monate einladen können, wenn ein Bürger der DDR sich verpflichtet, den Kindern Unterkunft zu geben.

Ein zweiter wichtiger Faktor für die zukünftigen Perspektiven ist der Kauf eines Motorrades. Ich fragte Od. und Ru., warum das Motorrad für alle Kubaner und für sie beide so bedeutend ist. Sie antworteten, daß Motorräder in Kuba auch wegen der Hitze beliebt sind. Die Verkehrsbedingungen in Kuba sind außerdem sehr schlecht – überfüllte Busse bei 30 Grad sind nicht angenehm. Daher ist man mit einem Motorrad unabhängig von öffentlichen Verkehrsmitteln. Aus diesen Gründen sind die Preise für ein Motorrad in Kuba sehr hoch. Od. sagte: »Mein Mann und ich kaufen zwei Motorräder, eines davon können wir dann zu Hause gegen ein Häuschen tauschen. Und falls wir uns einmal trennen, habe ich das Haus und er sein Motorrad.«

Die große Mehrheit der Kubaner will nach Kuba zurückkehren. Einige, die in der DDR bleiben möchten, entscheiden sich so, weil sie mit Deutschen verheiratet sind oder gemeinsame Kinder haben. In diesem Fall kehren sie nach Kuba zurück und können nach Antragstellung wieder in die DDR kommen. Andere gehen Scheinehen ein, um noch einige Jahre zu bleiben, solange, bis sie den gewünschten ökonomischen Standard erreicht haben, oder sie verzichten ganz auf die Rückkehr.

Probleme zwischen den Kubanern und Deutschen entstehen meistens auf der Straße, in der Disko, in Kneipen oder in Kaufhäusern. Ri. erzählte, daß einmal, als er und andere Kubaner in der Straßenbahn fuhren, zwei deutsche Männer – zirka Anfang 30 – anfingen sich über Kubaner, besonders über dunkelhäutige, lustig zu machen. Ri. sagte zu seinem Freund, daß dieser sich das nicht gefallen lassen sollte, und nach einigen Minuten reagierte er etwas aggressiv, worauf die anderen aufhörten, sie weiter zu belästigen.

Auch im Kaufhaus ist die Behandlung der Kubaner oft schlecht. Ri. sah einmal in der Pelzabteilung des Kaufhauses, wie die Kunden die Qualität der Pelzmäntel mit den Fingern prüften. Als er sie daraufhin auch mit den Händen berührte, kam eine Verkäuferin und schlug ihm auf seine Finger. Ich selber erlebte ähnliches, als ich mit Od. einkaufen ging. Die farbigen Kubaner haben über diese negativen Erfahrungen wenig und nicht sehr detailliert erzählt. Dagegen schilderte Ril., der eine helle Hautfarbe besitzt, diese zum Teil schlimmen Erlebnisse ausführlicher.

Trotz aller Probleme bedeutet für die kubanischen Arbeiter die Tätigkeit im Ausland ein Prestige und schafft ihnen einen neuen sozialen Status in ihrer Heimat Kuba.

Sandra Gruner-Domic, IV. Studienjahr, Ethnographie, Sektion Geschichte, Humboldt-Universität zu Berlin

Vietnamesen in der DDR sind »gleichberechtigt«

Mein Anliegen, von Vietnamesen etwas über den Fremdenhaß, die Ausländerfeindlichkeit in der DDR zu erfahren, mußte ich schnell aufgeben. Ein Vietnamese: »In Frankreich, der BRD und den USA gibt es mehr Ausländerhaß als in der DDR. In der DDR kann man doch leben. Wenn man den Lebensstandard bei uns mit eurem vergleicht, ist das doch klar. Wir haben nach dem Krieg viel Mist in der Wirtschaft gemacht, und dadurch haben wir viele Arbeitslose. Ich habe einen Artikel in der ›Jungen Welt‹ gelesen, wo es heißt, daß die DDR uns helfen will. Ich denke, das ist richtig, weil wir zuviel Arbeitskräfte, die ohne Arbeit sind, bei uns haben. Und ihr habt zuwenig Arbeitskräfte. Ich habe von einem Freund, der im Chemieanlagenbau arbeitet, erfahren, daß in einem Chemiebetrieb 1 000 Arbeitskräfte arbeiten, aber fast 650 davon nur im Büro. Nur 300 arbeiten in der Produktion und davon sind 150 Vietnamesen.«

Warum kommen Vietnamesen in die DDR?

Meine vietnamesischen Gesprächspartner antworteten auf diese Frage:

»Herr Krolikowski hat 1980 auf unserem 6. Parteitag vorgeschlagen, daß wir jährlich 60 000 Arbeitskräfte in die DDR schicken können.«

»Bei uns ist wenig Industrie, und in der Landwirtschaft haben wir zu wenig Boden für die Menschen, so daß zu viele Leute auf zu wenig Boden arbeiten. Wir haben viele Menschen, jährlich kommen 1 000 000 Menschen dazu, das sind so viel Menschen wie ein Bezirk in der DDR hat.«

»Bei uns herrscht eine private Marktwirtschaft, sie ist stärker als der staatliche Sektor. In den großen Städten haben wir sehr viel Waren. Wir haben da alles, können zwischen vielen Mopedsorten wählen. Wenn man in einen Laden kommt, kann man da 20 bis 30 Mopeds stehen sehen, nicht so wie hier. Wenn man hier ein Moped kaufen will, muß man bereits am Vortag um 22.00 Uhr am Laden stehen und bis morgens 10.00 Uhr warten. Bei uns aber ist das Problem, woher das Geld kommt. Durch die freie Konkurrenz gibt es einen großen Unterschied zwischen den Reichen und Armen.«

In den letzten zwei Jahren haben sich viele ausländische Firmen aus Hongkong und Japan gegenüber den staatlichen Betrieben etablieren können. Ausländisches Kapital fließt in großen Mengen nach Vietnam und läßt die sozialen Unterschiede eher größer werden als verschwinden. Die Lebensbedingungen verschlechtern sich besonders für die unteren Schichten, die dann auch ihre Leute in die DDR zur Sicherung der eigenen Existenz schicken.

»Wir sind hierher gekommen, weil wir keine Arbeit hatten. Wir sind hierher gekommen, um einen anderen Arbeitsplatz später wieder zu Hause zu bekommen, eine Wohnung und ein besseres Leben zu haben. Und wenn wir Angst haben, früher nach Hause geschickt zu werden, nur zwei Jahre hier gearbeitet haben, dann liegt das daran, daß wir dann keine Wohnung und keine Arbeit bekommen.«

»Die Menschen bei uns denken, daß der Lebensstandard in der DDR besser ist als bei uns. Hier können wir besser verdienen und ein bißchen was behalten, um es nach Hause zu schicken, um dort zu helfen. Wir wollen auch hier arbeiten, besser als bei uns, und hier können wir auch unseren Familien helfen. Wenn ich in Vietnam in einem Institut arbeite (mein Gesprächspartner studierte Rechtswissenschaft in der DDR), kann ich nur 10 Tage von meinem Gehalt leben. Wir müssen aber noch 6 Tage in der Woche arbeiten, und dann noch nebenbei, um genügend Geld zu verdienen.«

»Wir dachten damals, daß die DDR ein Vorbild für uns ist, was die Lösung sozialer Probleme und so betrifft, das kann man doch nun nicht mehr sagen.«

Deutlicher würden die Probleme erst seit den letzten Jahren eskalieren, seitdem 60 000 Vietnamesen in die DDR geschickt wurden. Neben den Versorgungsschwierigkeiten für bestimmte Produkte käme nun hinzu, daß neben der Anonymität des Großstadtlebens Vietnamesen auch im Dorf und in der Kleinstadt arbeiten. Dort könne die fehlende Toleranz nicht mehr durch die anonyme Großstadt kompensiert werden.

In O. existiert ein Kombinatsteil des Betriebes meiner Gesprächspartner. »Dort weigerten sich Busfahrer, Vietnamesen zu fahren. Schulen lehnten es ab, Vietnamesen in ihren Speisesälen essen zu lassen, weil sie Angst vor Krankheitsübertragungen (Tuberkulose) hatten.« (Daß solche Ängste nicht unbegründet sind, werden wir später noch erfahren.)

Laut Regierungsabkommen dürfen Vietnamesen jährlich in unbegrenztem Wert 20 Kilogramm nach Vietnam schicken. Ein Vietnamese erzählt: »Als ich noch in Vietnam mit meiner Frau in einem Betrieb arbeitete, durften meine zwei Kinder, die noch in die Schule gehen, ein Stipendium bekommen. Nachdem ich in die DDR gekommen bin, wurde meinen Kindern das Stipendium gestrichen. Man hat gesagt, dein Vater ist in die DDR gegangen, er kann dort viel mehr als in Vietnam verdienen. Dein Vater muß die Familie unterstützen. Unser Regierungs- und Staatschef hat uns gesagt, ihr habt die Pflicht, monatlich eure Familien zu unterstützen. Wenn man in staatlichen Betrieben arbeitet, bekommt man für sich, den Ehepartner und die Kinder Lebensmittelkarten. Wenn die Eltern beide in der DDR arbeiten, werden diese Karten auch für die Kinder gestrichen.«

Wie kommt man in die DDR?

Diese Frage konnte oder wollte mir kein Vietnamese direkt beantworten. »Jede Familie will ein Kind ins Ausland schicken. Wenn ein Kind aus der Familie im Ausland arbeitet, kann doch die Familie besser leben.«

In Vietnam nahm die Privatwirtschaft in den letzten Jahren schnell zu. Neben den immer größer werdenden sozialen Unterschieden blüht auch die Korruption in den Amtsstuben. Eine Fahrt in die DDR erfordert, regional verschieden, Geld und gute Beziehungen. Ein Vietnamese: »Mir sagte der Arzt, daß ich nicht in die DDR fahren darf, da ich Brillenträger bin. Ich mußte ihm Geld für eine Genehmigung zahlen.« Röntgenplatten für Tauglichkeitsuntersuchungen müssen selbst für teures Geld besorgt werden. Die Bestechungen gehen soweit, daß Ärzte »geschmiert« werden, um beispielsweise trotz offener Tuberkuloseerkrankungen in die DDR zu gelangen. Dies ist aber mitunter die letzte Rettung des eigenen Lebens, da in Vietnam eine solche medizinische Betreuung wie in der DDR nicht existiert. »In Vietnam wären die längst krepiert.«

Der größte Teil der Bestechungsgelder wird erst in der DDR erarbeitet, eine vorzeitige Rückkehr würde den Ruin bedeuten. Dies ist ein Grund mehr, in der DDR nicht aufzufallen, denn die unumschränkte Macht über jeden einzelnen Vietnamesen hat die vietnamesische Botschaft. Ein Betreuer: »Wir hatten eine Kollegin, die in einem Warenhaus verschiedene Kleidungsstücke und anderes in einem Gesamtwert von 10 000 Mark gestohlen hat. Normalerweise wird man für jede geklaute Tüte Bonbons zurückgeschickt. Sie hatte jedoch Verwandte in einem Ministerium, die Botschaft will sie einfach nicht zurückschicken.«

Arbeiten in der DDR

Die Botschaft stellt sich meistens gegen jegliche Aktivitäten, so sagte mir ein Betreuer, die Vietnamesen in der DDR arbeitsrechtlich zu unterstützen. »Nach dem Motto: ›Möglichst Ruhe bewahren und dem anderen entgegenkommen‹. Ein abruptes Nein würde von der vietnamesischen Botschaft nie kommen.« In der Botschaft dominiert mehr »das Ruhige und höflich Zurückhaltende«, was den Arbeitskräften aus Vietnam jedoch nicht sehr dienlich ist. Wenn einer Betriebsleitung einfallen würde, Vietnamesen die letzte und dreckigste Arbeit zu geben, könnte dagegen kein Vietnamese angehen. Es fehlen hier die rechtlichen Grundlagen.

Vietnamesen würden sich nie bei ihrer Botschaft beschweren, aus Angst, zurückgeschickt zu werden. Zurückgeschickt werden – diese Angst schwebt über jedem Vietnamesen. Es würde nicht nur das eigene Aus in Vietnam, sondern auch eventuell den Ruin der Familie bedeuten.

Mit den Veränderungen in der DDR geht auch eine große Angst bei den Vietnamesen einher. Sie wissen nicht, ob in Zukunft der Regierungsvertrag noch gültig ist und ob die vietnamesische Regierung, ähnlich wie bei den Koreanern, aus Angst vor politischen Veränderungen in der DDR ihre Leute wieder ins eigene Land zurückholt. »Unser Parteisekretär hat mit uns gesprochen, über die Situation in der DDR und auch in unserem Land. Er sagte, daß es in der DDR zur Zeit viele Schwierigkeiten gibt, aber wir trotzdem ruhig bleiben und die DDR weiterhin unterstützen müssen. Wir müssen auch die traditionellen Kontakte zwischen dem Volk der DDR und unserem Volk weiter einhalten. Wir müssen weiterhin ruhig warten, bis die Situation in der DDR besser wird.«

Im Mai 1989 gingen auch viele Vietnamesen in der DDR zu den Wahlurnen. Das Ausländerwahlgesetz kam ziemlich unerwartet, die Botschaften mußten erst in den Heimatländern rückfragen, ob ihre Staatsangehörigen überhaupt in der DDR wählen dürfen. Ein Vietnamese sagt dazu: »Wahlrecht für Ausländer, ehrlich gesagt, ich finde das komisch. Ich war selbst zur Wahl. Ich bin da hingekommen, habe den Mann dort gefragt, was hat dieser Kandidat gemacht, und der hat mir gesagt, ich weiß auch nicht. Na ja, wenn Sie gewählt haben, dann tun Sie doch den Zettel hinein. Ich weiß nicht, wer das war, den ich da gewählt habe.«

»Wir (die vietnamesischen Betreuer) haben mit viel Kraftaufwand versucht, dies auch durchzusetzen, zu erläutern (die Vietnamesen lachen). Wir haben die Gruppenleiter zusammengeholt, aber die Stadtverordneten, die wir eingeladen haben, sind alle nicht gekommen. Es ist mehr eine Farce gewesen. Die Wahlen haben sich auf die Situation der Ausländer von nicht einer Seite der Stadtverordnetenversammlung in Lichtenberg ausgewirkt. Keiner hat da was als Wahlauftrag bekommen. Das ganze war sicher etwas, um gegenüber dem Westen ein Zeichen zu setzen.« (Die Vietnamesen stimmen alle laut zu.) Die Gruppenleiter erhielten von der Botschaft den Auftrag, die Kollegen zu überzeugen, zur Wahl zu gehen. Ein Betreuer:

»Von der kubanischen Botschaft kam die Weisung: ›Ihr könnt zur Wahl gehen.‹« Die vietnamesische Botschaft hat dann so ganz typisch reagiert: »Ihr habt jetzt zu sichern, daß ...« Nicht alle vietnamesischen Kollegen sind zur Wahl gegangen. Ein Vietnamese: »Damals habe ich so gedacht, daß es die DDR so will, zu beweisen, daß in der DDR mehr Demokratie als drüben ist. Aber im Gegenteil, wir haben viel Verlust gemacht. Es wäre aber schön, wenn wir im nächsten Jahr, im Mai, bei freien Wahlen ein Stimmrecht bekommen.«

Auch Vietnamesen könnten sich als Kandidaten für die Wahl nominieren. Davor haben sie aber Angst, da die Botschaft es verbietet, sich in der DDR politisch zu betätigen.

Rückkehr nach Vietnam

Das Geschenk an die Familienangehörigen (in Vietnam dominiert die Großfamilie) ist die erste Pflicht des Heimkehrers. Alle Verwandten rechnen schon Monate vorher mit diesem Geschenk aus der fernen DDR. Diese Pflicht besteht auch, wenn er 2 Monate (einmal in 5 Jahren) auf Urlaub nach Vietnam fährt. Er darf jedoch nur 20 Kilogramm Reisegepäck mitführen. (Diese Zahl ist umstritten, Vietnamesen meinen 25 Kilogramm.) In diesen 20 Kilogramm Gepäck müssen Kleidung, Dinge des persönlichen Bedarfs, Geschenke und die Lebensbasis für die zwei Monate Urlaub untergebracht werden.

Bei der endgültigen Rückkehr in die Heimat müssen die Vietnamesen genügend mitbringen, um sich eine Wohnung und Arbeit zu kaufen. Unterstützungen vom Staat erhalten sie bei der Rückkehr nicht. Ein Vietnamese: »Wir müssen eine Wohnung privat sehr teuer kaufen. Im Zentrum der Stadt kostet ein Straßenabschnitt pro Meter ein Moped (fünf Fahrräder entsprechen etwa einem Moped). Weiter außerhalb ist es um das fünf- bis zehnfache billiger. Eine 15 m^2 große Wohnung mit drei Zimmern kostet etwa zwei Mopeds.«

Ein Hochschulkader verdient im Monat etwa 40 000 Dong. Für eine Familie mit zwei Kindern benötigt man monatlich etwa 120 000 Dong. »Die fünf Jahre, die wir hier arbeiten, werden nicht der Sozialrente angerechnet« (Durchschnittsrente etwa 20 000 Dong, Rentenalter bei Frauen 50, bei Männern 55 Jahre; Lebenserwartung bei Frauen 68, bei Männern 60 Jahre). Die Bezahlung der Renten und der Löhne bereitet dem Staat mitunter Schwierigkeiten. Da Geld fehlt, gibt es für die Renten keine bestimmten Auszahlungstermine. In der Produktion kann es vorkommen, »daß sich zwei Arbeiter einen Fernseher als Monatslohn teilen müssen«.

»Wenn wir ins Ausland gehen, verlieren wir unseren Arbeitsplatz. Ein neuer Arbeitsplatz kostet Geld und Beziehungen.« Ein Vietnamese, dessen ehemaliger Kommilitone jetzt Minister für Arbeit und Sozialwesen ist, berichtet von einer Unterhaltung mit ihm: »›Na, mein Freund, wenn ich zurückkomme, kann ich einen Arbeitsplatz bekommen?‹ Er hat mir gesagt: ›Hoffentlich! Aber es ist schwierig. Aber du kannst in der DDR ruhig bleiben und dort arbeiten. Wenn du zurückkommst, mal sehen.‹«

Ein Vietnamese: »Wenn wir mit zwei Mopeds und fünf Fahrrädern zurückkommen (das ist das Maximallimit), dann leben wir etwa zehnmal besser als die Ärmsten in Vietnam, aber hundertmal schlechter als die Reichen. Wenn eine Familie einen Sohn in ein kapitalistisches Land schicken kann, ist sie glücklich. Dann sind sie im Dorf angesehene Leute.«

Warum kaufen wir nur bestimmte Waren hier? Ein Moped und ein Fernseher kosten hier je 2000 Mark. Wenn wir dann zu Hause ein Moped verkaufen, dann bekommen wir das Zehnfache. Für einen Fernseher würden wir das nicht bekommen. Die Mopeds kann man nur verkaufen, da sie nach einem Jahr kaputtgehen, das Material ist nicht gut.«

»Es ist doch auch klar, daß wir die Sachen kaufen, die preispolitisch gestützt werden. Zum Beispiel kaufen wir Kutten für Kinder. Die sind billiger und die für Erwachsene sind uns zu groß. Das ist doch normal. Aber wir haben doch in der DDR gearbeitet, da haben wir doch für unseren Reallohn ein Recht auf die Waren.«

Die Vietnamesen tauschen Westgeld ein (der Kurs schwankt zwischen 1 zu 8 bis 1 zu 10), um international bekannte Produkte in den Intershops kaufen zu können. »›Fa‹ ist bekannt, DDR-Seifen nicht.«

Der Betreuer der Vietnamesen erklärt: »Wenn ich die Waren nicht nach Vietnam bekomme, werde ich von der Familie als schlecht eingeschätzt. Ich arbeite in einem fremden Land, in einer fremden Kultur, in einem fremden Produktionsprozeß, in einem Schichtsystem, lebe in einer Massenunterkunft, mit einem Kaufzwang für zu Hause, mit einer großen Erwartungshaltung von zu Hause. Ein DDR-Bürger würde das nicht aushalten.«

Das Gespräch führte Felix Mühlberg, 2. Studienjahr, Ethnographie, Sektion Geschichte der Humboldt-Universität zu Berlin.

Fleißiger als die anderen?

Seit 15 Jahren lebe ich in der DDR. In Ungarn arbeitete ich an einer Schule, als Lehrerin für Mathematik und Physik. Als ich in die DDR kam, wollte man mich an der EOS zunächst nicht haben: um Gottes Willen, als Ausländerin ..., und da würden nur Genossen arbeiten. Nach mehreren Versuchen ließ man mich dann schließlich doch anfangen, vorerst nur im Hort. Ich bereitete mich dann systematisch vor, studierte die Schulbücher der Kinder, um den Lebensweg (beziehungsweise Bildungsweg) nachvollziehen zu können. Ich eignete mir den Fachwortschatz an und bekam mit, was in der Schule so läuft. An der Volkshochschule besuchte ich einen Lehrgang »Deutsch für Ausländer«, machte dort auch die Sprachkundigenprüfung. Nachdem ich hartnäckig genug war, erlaubte man mir schließlich, in einer Schule zu hospitieren, dies aber ohne jede Bezahlung. Nach einem halben Jahr durfte ich dann meinen ersten Unterricht geben.

Wenn ich das alles bedenke, würde ich wahrscheinlich nicht noch einmal als Lehrerin anfangen. Man hätte durchaus bei Intertext als Dolmetscherin arbeiten können. Das ist zwar ein schwerer Beruf, die Familienverhältnisse leiden oft darunter (Überstunden, Wochenendarbeit), andererseits ... Auch mein Mann wollte nicht, daß ich als Lehrerin arbeite. Schließlich bewarb ich mich bei mehreren Volkshochschulen. Der Direktor der Weißenseer Volkshochschule nahm mich dann. So gab ich 1975 gleich einen Ungarisch-Lehrgang. Später wurde es mehr. Seit 1975 arbeite ich tagsüber im Hort und abends in der Volkshochschule.

An der Abendschule hatte ich als Ausländerin keinerlei Probleme. Viele gute Kontakte gibt es mit »Stammgästen«, die immer wieder Lehrgänge besuchen. Allerdings ist dies genaugenommen mein Nebenjob. Tagsüber arbeite ich sowohl als Lehrerin wie auch im Hort.

Mittlerweile kenne ich das Schulsystem der DDR gut, und ich muß sagen, daß ich als Klassenleiterin nicht gerne arbeiten würde. Es sind zu viele

Dinge zu machen, die nicht notwendig sind. Belehrungen, das umgehende Reagieren auf aktuelle Probleme usw. Zu oft findet eine sofortige Prägung der Kinder statt. Die Politik greift zu stark ein. Gerade dieses Jahr erlebte ich es durch meine Kinder. Während im September viele Bürger über Ungarn die DDR verließen, beschuldigte man die Ungarn, weil sie die DDR-Bürger nicht nach Hause schicken und daß sie den Grenzzaun an Amerikaner und andere verkaufen würden. Inzwischen sehen wir: Es wiederholt sich alles. Die Schuldirektorin stellte mich auf dem Gang zur Rede: wie ich als ungarische Staatsbürgerin dazu stehen würde. Ich meinte, wenn man die Leute reisen ließe, würden sie wohl nicht weggehen. Daraufhin drehte sie sich um und ließ mich stehen. Auch im Unterricht, im Parteilehrjahr, in aktuell-politischen Gesprächen wurden die Vorgänge in Osteuropa diskutiert. In Meinungen vieler Schüler und Erwachsener kam heraus, daß die Polen und die Ungarn selbst schuld an ihrer Lage seien. Die Polen seien faul, würden nicht arbeiten, nicht viel anders die Ungarn. Während der Septemberereignisse wurde meine Tochter verspottet, was sie nicht verstehen konnte. Das kam alles sehr spontan, auch ihre Freundinnen hielten nicht zu ihr. Ich erklärte ihr, das habe auch mit Gruppenverhalten zu tun. Wenn einer anfängt, sind die anderen oft schnell dabei.

Verursacht wird solche Ablehnung auch dadurch, daß die Menschen hier kaum etwas über Ungarn wissen. Leitungssitzungen waren oft aktuell-politischen Themen gewidmet, und wenn ich versuchte, Ungarn zu verteidigen und ökonomische Sachverhalte zu erklären und zu begründen, daß die DDR sich in einer anderen, günstigeren wirtschaftlichen Lage befände und deshalb bestimmte Maßnahmen wie in Ungarn nicht notwendig seien, erklärte die Direktorin, Ökonomie sei nicht ihre Sache. Wie will man als Schuldirektorin argumentieren, wenn man die Ökonomie nicht berücksichtigt? Wenn ich von Rumänien erzählte, glaubte man mir nicht. Oft kam heraus, daß man nur deshalb einen höheren Lebensstandard als andere sozialistische Staaten habe, weil die Arbeiter in der DDR fleißiger seien. Meines Erachtens sind Polen und Ungarn nicht weniger fleißig, zudem kann man nicht alles mit Fleiß erklären. Unterschiedliche Ausgangsbedingungen (Betriebe, Facharbeiter) sind genauso zu berücksichtigen wie auch die besonderen Handelsbeziehungen zur Bundesrepublik.

Die Ausländer in der DDR sind bestrebt, nicht Durchschnitt zu sein. Sie wollen nicht so sein wie die anderen, schlechter schon gar nicht. Sie leben anders. Alle unsere Bekannten sind irgendwie den Ungarn ähnlich. Die deutschen Ehepartner meiner ungarischen Freunde haben sich im Verlaufe der Zeit verändert, hin zu uns Ungarn. Familienbewußtsein, ehrliche Hilfe sind, glaube ich, unter uns stärker ausgeprägt. Man sucht einen Ort, wo man sich wohl fühlt, und den findet man eben unter Landsleuten. Meine Beobachtungen: Überhaupt finden Ausländer auch verschiedener Nationen schneller zueinander, als sie mit DDR-Bürgern warm werden. Man baut regelrecht einen eigenen Raum auf, in dem eigene Lebensart bewahrt wird, in dem Solidarität groß geschrieben wird. Zu meinen Kolleginnen in der Schule habe ich dagegen einen relativ großen Abstand.

Im Alltag erlebt man schon Unangenehmes als Ausländer. Sobald man beim Einkaufen nicht nur deutsch, sondern auch untereinander ungarisch spricht, merkt man sofort, daß man anders, herablassender behandelt wird. Wenn man mit dem roten Personalausweis einkauft, ist die Neugier oft groß beim Blättern im Ausweis. Jede Seite wird ganz genau gelesen. Das stört mich! Deshalb versuche ich, generell zu vermeiden, nicht mit Bargeld zu bezahlen. Durch die neuen Einkaufsbeschränkungen ist der Grad der Diskriminierung gestiegen. Freunde, die auf Besuch waren, konnten nicht einmal eine Tagesration Wurst kaufen, nur weil sie nicht hier arbeiteten, sondern Gast waren. Bei der Durchführung der besagten Maßnahmen haben es die Deutschen wieder einmal zu gut gemeint, zu gründlich gemacht.

Aber: Durch die große Reisewelle jetzt besteht die Chance zu mehr Offenheit. Mit der Zeit – wenn mehr Ausländer die DDR besuchen – könnte die Ablehnung geringer werden, die Ablehnung Menschen gegenüber, die nicht so gut deutsch sprechen. Auch die Exotik könnte verschwinden. Noch immer werden meine Kinder gelegentlich gefragt, ob sie nicht mal etwas auf ungarisch sagen können. Zuerst schämte ich mich für sie, wenn sie nicht antworteten. Später verstand ich sie. Der jetzige Zustand ist Resultat der Abgrenzung. Andere wurden wie Fremdkörper angesehen. In anderen Ländern ist dies weniger ausgeprägt. Das alles ist auch eine Frage der Gewöhnung. Als wir hier einzogen, wurden regelmäßig Mülleimer in unseren Kinderwagen entleert, oft wurde unser Briefkasten heruntergerissen. Später beschwerte man sich darüber, daß wir (Haus-)Musik machten. Irgendwann ließ das nach, man hatte sich an uns gewöhnt.

Zusammenfassung eines Gesprächs mit Katalin Rácz am 28. Dezember 1989. Das Gespräch führte Stefan Mahlke.

Der versteckte Rassismus

Seit 1978 lebe und arbeite ich in der DDR. Von der PLO delegiert, studierte ich an der Rostocker Universität Medizin. Derzeit absolviere ich in Berlin, im Krankenhaus Kaulsdorf, meine Facharztausbildung. Als ausgebildeter Arzt werde ich in meine Heimat, den Gaza-Streifen, zurückkehren.

In diesen Jahren hat man sich an vieles gewöhnt, hat man auch viele Gewohnheiten der Deutschen angenommen. Darunter ist viel Positives. Und daß man sich einlebt, geht meines Erachtens gar nicht anders, wenn man so lange Zeit hier verbringt.

Ausgenommen die letzten Wochen (seit Oktober 89) hat man das Verhalten von DDR-Bürgern mir gegenüber kaum verändert. Für uns als Ausländer ist es im wesentlichen gleich geblieben. Das bedeutet: Wir müssen uns akklimatisieren, die Deutschen akklimatisieren sich nicht an die Ausländer.

Dabei ist die Akzeptanz der Ausländer in verschiedenen Bereichen eine durchaus unterschiedliche. Diesbezüglich ist es (bei mir) auf Arbeit am besten. Abhängig ist es ja immer von beiden Seiten. Ich hatte und habe da wenig Probleme. Ich gebe mir große Mühe, will zeigen, daß ich bereit bin, mit den Problemen umzugehen. Und ich habe das Glück, mit deutschen Kollegen zusammenzuarbeiten, die ihrerseits bereit sind, viele Sachen auszugleichen. Für andere Ausländer sieht es aber oft anders aus. Dort gibt es dann Spannungen zwischen Deutschen und Ausländern, die ihrerseits ihre Ursachen oft in den Spannungen zwischen den deutschen Kollegen haben. Mein Kollektiv ist also ein sehr gutes, und dies erleichtert mir vieles. Als ich in Rostock studierte, gab es eine palästinensische Studentengruppe, die FDJ-Gruppe und darüber hinaus auch Freunde. Ich hatte also einen sehr großen Kreis. Hier in Berlin ist alles etwas anders, trockener. Jeder lebt für sich, man sieht sich nur alle drei, vier Wochen. So ist alles viel komplizierter. Weil die Kontakte begrenzt sind, ist es ein kleiner Kreis von drei, vier Leuten, mit denen man sich jede Woche trifft.

Aus diesem Grund befürworte ich auch den Vorschlag, so etwas wie ein (am besten mehrere) Kulturzentrum zu installieren. Nützlich wäre ein Kreis für Ausländer und Deutsche, die sich mit Ausländern solidarisieren. Jetzt muß man aktiv an solchen Projekten arbeiten. Bis dahin hatte sich das kaum gelohnt. Da meine Partei, die »Demokratische Front«, nur eine unter mehreren Parteien innerhalb der PLO ist (wenn auch die zweitgrößte), stießen wir oft genug auf Ablehnung, wenn wir Veranstaltungen organisieren wollten. Man erkannte nur eine palästinensische Organisation an: Das war die palästinensische Studentenorganisation. Alle anderen, auch befreundete Parteien, durften nicht aktiv arbeiten. Ein vorgeschriebener Rahmen war zum Beispiel das Internationale Studentenkomitee (ISK). Manche Veranstaltung mußten wir fast kriminell vorbereiten. So mieteten wir zum Beispiel mitunter 4 Klubs, luden die Leute zu einem der vier ein, und wenn dann dieser Klub kurzfristig absagte, weil er eine Anweisung erhalten hatte, leiteten wir die Einladungen kurzfristig um. Auch durften mitunter andere ausländische Gruppen auf unseren Veranstaltungen nicht sprechen.

In Berlin merkte ich dann irgendwann, es läuft nichts beziehungsweise du läufst auf, wirst diktiert. So verliert man den ganzen Spaß an der Sache, und die Sache verliert ihre Ziele. Es ist gut, wenn man unterstützt wird, aber diktieren darf niemand. Nach einer Zeit aktiven politischen Arbeitens bekam ich mehr und mehr den Eindruck, daß es eigentlich egal ist, ob man politisch tätig ist oder nicht. Jetzt sehe ich die Sache anders, man ist jetzt echt motiviert, etwas zu tun. Ich hoffe, es lohnt sich. Aber wir müssen dafür kämpfen. Es kann nicht sein, daß man für politische Aktivitäten bestraft wird. Ich war selbst davon betroffen, erhielt an der Uni einen Verweis.

Die von oben formulierte Solidarität hatte keine wirkliche Basis. Die Menschen in der DDR haben Aufrufe für Palästina unterschrieben, aber sie wußten nichts oder sehr wenig über mein Land und die dortigen Verhältnisse. Und da muß man aufpassen: Nachher denken die Leute über Palästina schlecht, denn zur Zeit ist es so, daß das, was bisher als gut galt, jetzt abgelehnt wird. Genauso ist es mit den Ausländern: Vorher Solidarität mit ihnen (auch wenn sie oft nur äußerlich war), und jetzt wird es gefährlich für uns. Das ist miserabel. Und eben da besteht Nachholebedarf, man muß publizieren. Über die Probleme muß offen geredet werden und nicht mehr versteckt wie bisher.

Insofern täuscht der Eindruck, daß die Ausländerfeindlichkeit jetzt stark gestiegen sei. Sie war latent vorhanden, jetzt redet man offen darüber. Sie wird praktiziert. Ich traue mich nicht mehr, in die Stadt zu gehen und einzukaufen. Am Anfang war ich dafür, daß man als Ausländer beim Einkaufen den Ausweis zeigen muß. Gut, dachte ich, man muß das begrenzen, daß die einen arbeiten und andere dafür handeln. Als sich die ersten Wirkungen erkennen ließen für Leute, die damit nichts zu tun haben und vielleicht nichts mehr in den Geschäften bekommen, änderte ich meine Meinung. Menschen werden, weil sie einen bestimmten Ausweis haben (besser: nicht haben), diskriminiert. Gestern war meine Frau in der Stadt einkaufen. Sie mußte an jedem Stand ihren Ausweis zeigen. Das kann ich nicht vertragen. Diese Pflicht zum Zeigen des Ausweises erinnert an Vergangenes. ... Dann kann man das auch gleich offen machen.

Die vorhandene Krise darf nicht auf andere geschoben, darf nicht anderen angelastet werden. Ich bin dafür, daß gegen Schiebereien vorgegangen wird. Aber auf die Ausländer zurückschlagen, wie derzeitig, darf das nicht. Wenn man selbst hart arbeitet (und ehrlich sein Geld verdient) und so etwas erlebt – das ist schmerzhaft.

Wichtig ist andererseits auch, daß Ausländer keine Vorrechte genießen. Werden Ausländer im Arbeitsprozeß weniger gefordert als ihre deutschen Kollegen, kann das bei letzteren Mißstimmungen erzeugen. Diese sind dann oft Bestandteil von Ablehnung und Ausgrenzung. So kann es dir passieren, daß die Krankenschwester nicht mehr auf dich hört, was meist ein gestörtes Verhältnis Arzt – Patient zur Folge hat.

Was ich mir wünsche, ist: Über vieles muß offener geredet werden. Die meiner Meinung nach – wenn man es scharf formuliert – rassistischen Gesetze müssen geändert werden. Es fängt immer ganz mild an – und dann, nach und nach, nutzen die Leute das aus. Das ist ganz gefährlich. Dieses Gesetz (Einkaufsbeschränkung) beinhaltet einen Rassismus, der versteckt ist. Ein weltoffener Staat kann so etwas nicht machen. Ich kann (und will) nicht den ganzen Tag meinen Paß, meine Aufenthaltsgenehmigung und vielleicht noch meinen Arbeitsvertrag mitherumtragen.

Der Unterschied zur Bundesrepublik ist der: Während dort alles offen ist, jeder auch zeigt, wenn er gegen Ausländer ist oder es viele einfach nichts angeht, triffst du in der DDR öfter auf ein Lächeln und ein Ja-Sagen, und hintenrum wirst du abgelehnt. Große Worte um Solidarität! Als es jedoch einen Professor an der Rostocker Universität selbst betraf (seine Tochter hatte ein Verhältnis mit einem ausländischen Studenten), da relegierte er den betreffenden Studenten wegen angeblicher Disziplinverstöße. Davon existiert eben vieles versteckt. Meines Erachtens muß alles an die Oberfläche, da muß diskutiert werden, damit man keine Angst hat. Angst entsteht vor dem Versteckten.

Zusammenfassung eines Gesprächs mit Abu Daka, Ziad, geführt am 17. Dezember 1989 im Krankenhaus Kaulsdorf. Der Befragte absolviert dort seine

Facharztausbildung als Orthopäde. Das Gespräch führte Stefan Mahlke, 4. Studienjahr, Pädagogik Geschichte/Deutsch, Sektion Geschichte, Humboldt-Universität zu Berlin.

Für eine bunte Gesellschaft

Herr Hussain, Sie leben seit etwa 20 Jahren in der DDR. Wie sind Sie in unser Land gekommen, und welcher Tätigkeit gehen Sie nach?

Ich habe vor 20 Jahren den Irak aus politischen Gründen verlassen, im nachhinein bin ich von einer Studentenorganisation hierher delegiert worden, um mein Leben zu retten. Ich gehe verschiedenen Tätigkeiten nach, hauptsächlich als Übersetzer, aber ich habe auch schon für den Rundfunk gearbeitet. Die Zeitschrift »Sinn und Form« veröffentlichte auch schon einen Text von mir. Also mehrere Betätigungsfelder, wobei ich lieber schreibe. Übersetzungen mache ich, um überhaupt leben zu können. Großer Wohlstand ist damit nicht zu erreichen.

Was wußten Sie über die DDR, bevor Sie hierherkamen?

Ich wußte, daß es eine DDR gibt. Bevor ich hierherkam, hatte mich mehr oder weniger die Studentenbewegung in Westberlin interessiert. Dadurch ist die DDR überhaupt erst in mein Bewußtsein gelangt. Man wußte, daß zum Beispiel Rudi Dutschke aus der DDR ist. Die Mauer kannte man auch. Aber eine genaue Vorstellung, was das ist, hatte ich nicht. Ich wußte wirklich nicht, daß die Mauer mitten durch die Stadt geht. Ich hatte mir das als Abgrenzung des ganzen Landes vorgestellt, so etwa wie die Chinesische Mauer. Andererseits wußte ich, daß es Westberlin und Ostberlin gibt.

Wie sind Sie vor 20 Jahren aufgenommen worden?

Zuerst mußte ich am Herder-Institut die deutsche Sprache erlernen, und dort waren die meisten Lehrkräfte gewohnt, mit Ausländern umzugehen. Dabei gab es dann eine Art »Bemutterung«, die gut gemeint war; aber ich war schon ein erwachsener Mann. Dieses Gefühl der »Bemutterung« wurde ich nicht los. Es gab auch eine Vielzahl von Leuten, zu denen man ein sehr gutes Verhältnis hatte. Also – ich wurde freundlich aufgenommen. Aber dieses Herder-Institut ist ein Bereich außerhalb der Bevölkerung, da sind ausgewählte Lehrkräfte tätig.

Könnte man sagen, daß schon damals eine wirkliche Integration kaum stattfand?

Ich weiß nicht genau, was man darunter versteht. Damals wußte ich zum Beispiel, daß das Internat des Instituts isoliert ist von der deutschen Bevölkerung. Da lebten verschiedene Gruppen von Ausländern, jede auf ihre Art und Weise, und es ging eigentlich nicht schlecht. Das einzige Problem war: Der Kontakt zur DDR-Bevölkerung fand nicht statt. Allenfalls gab es die Möglichkeit, daß wir von deutschen Studenten betreut werden. Das war aber einfach äußerlich. Was die Integration selbst angeht, ging doch jeder seine eigenen Wege.

Hat sich Ihr Leben als Ausländer in den 20 Jahren bis zum Oktober 1989 stark verändert?

Ein Problem war seit 1982 aktuell, und zwar das der Kontaktsperre. Studenten mußten unterzeichnen, daß sie keine Kontakte zu Studenten aus nichtsozialistischen Ländern unterhalten dürfen. Das war eine einschneidende Veränderung, für mich als Linken eigentlich eine undenkbare Zumutung: Bestimmte Gruppen von DDR-Studenten durften keinen Kontakt mit mir haben. Das hat die Sache problematisiert, wobei nicht zu vergessen ist, daß sowieso eine bestimmte Abneigung existiert in der Bevölkerung. Nicht generell, aber in einigen Gruppen der Bevölkerung. Die wurde dadurch dann verstärkt. Betroffen waren davon vor allem Sprachstudenten und Studenten der Rechtswissenschaften, Kriminalisten sowieso. Das ging im Prinzip durch die ganze Universität. Um zu vermeiden, daß die Deutschen überhaupt mit anderen zusammenkommen. Diese Beschränkungen betrafen aber nur bestimmte ausländische Studenten. Mir wurde zum Beispiel erklärt, daß ich damit nicht gemeint wäre. Das bezöge sich mehr auf Studenten aus Westeuropa.

Sie sagten, daß in Teilen der Bevölkerung eine Abneigung gegenüber Ausländern besteht. Wie erleben Sie die?

Ich möchte nicht verallgemeinern, aber es ist manchmal auch gegenseitig bedingt. Man kann auch nicht sagen, ich sei nicht schuld daran. Es gibt die Vorstellung, daß dies durch die Abgrenzung der DDR bedingt ist. Die DDR als kleines Land, keine Weltoffenheit, und die Leute konnten sich nicht vorstellen, wie ein Ausländer lebt. Konkret erlebt man Abneigung, indem man auf der Straße manchmal angepöbelt wird, Details möchte ich uns ersparen. Daneben gibt es auch eine Gruppe von Personen, die das nicht artikuliert. Die Leute haben eigentlich nichts gegen einen, aber gleichzeitig besteht da eine Mauer – ich kann das nicht genau beschreiben.

Haben Sie in Ihrer beruflichen Tätigkeit Schwierigkeiten?

Meinen eigentlichen Beruf – Theaterwissenschaftler – habe ich bisher nicht ausüben können. Durch diese selektive Auswahl, durch das administrative Bestimmen, wer am Theater arbeiten darf und wer nicht, war das bisher nicht möglich. Zur Zeit arbeite ich in einer internationalen Institution (IDFF), und da bestand zum Beispiel auch dieses Problem, daß Kollegen etwas unterschreiben mußten, wonach sie keine Kontakte zu Bürgern bestimmter Staaten unterhalten dürfen. Abgesehen davon, geht es ganz gut. Allerdings habe ich da auch weniger Probleme, weil ich schon einige Zeit hier lebe. Für andere, die sich nur zeitweilig in der DDR aufhalten, haben solche Beschränkungen mehr Bedeutung.

Was hat sich für Sie ab Oktober 1989 verändert?

Ich hatte es nicht für möglich gehalten, daß es hier zu einer revolutionären Veränderung kommt. Die Entwicklung davor war sehr deprimierend. Die Flucht vieler Bürger hatte Auswirkungen auch auf mein persönliches Leben, denn Freunde von mir sind ebenfalls weggegangen. Als der »Aufstand« dann begann, war nicht abzusehen, wie das ausgeht. Die weitere Entwicklung machte mich optimistischer; jetzt wiederum beginne ich, Probleme damit zu haben. Ich merke, daß am rechten Flügel Stimmen laut werden, die eventuell Gefahren heraufbeschwören. Zum Beispiel kann ich mich nicht damit anfreunden, daß in Leipzig bestimmte Leute von Demonstrationen ausgeschlossen werden beziehungsweise werden sollen. Solche Tendenzen erinnern an schlechte Traditionen in der deutschen Geschichte.

Haben Sie persönlich größere Schwierigkeiten als vorher?

Nein, ich habe das Glück, einen stabilen Bekanntenkreis zu haben. Leute, mit denen ich gut auskomme. Ich war auch auf diversen Veranstaltungen, mir ist nichts passiert. In Dresden und Leipzig aber gab es wohl Übergriffe.

In der Bundesrepublik haben die Republikaner an Boden gewonnen. Wie schätzen Sie die Situation in der DDR ein in bezug auf ein rechtes Wählerpotential?

Meine Theorie ist: Es gibt unartikulierte nationale oder nationalistische Gefühle in der DDR. In der BRD gab und gibt es die Möglichkeit, sich am »rechten Rand« zu artikulieren. Man kann dort Neonazi sein oder Republikaner oder was weiß ich. Hier kamen diese Gruppen nie so richtig zu Wort, konnten sich nicht artikulieren. Deshalb weiß man auch nicht, wo sie sitzen. Man kann solche Leute auch bei der SED antreffen, bei den Rechten sowieso. Und das eben ist das Gefährliche. Das sind alles nichtartikulierte nationalistische Gefühle, und irgendwann, wenn sie dann herauskommen, nehmen sie große Ausmaße an. Ich weiß nicht, irgendwann hat Erich Fried mal gesagt, daß er nichts dagegen hätte, daß eine Nazi-Partei gegründet wird. Damit er sich mit denen auch auseinandersetzen könne. So weit würde ich vielleicht nicht gehen, aber auf jeden Fall wären dann die Fronten klar. Bei Schönhuber besteht die Gefahr darin, daß er eigentlich auch keine offene Nazi-Propaganda betreibt. Er kommt mit Ideen daher, die dem Kleinbürger sehr gefallen: »Law-and-order«-Rufe und ähnliches. Gleichzeitig distanziert er sich auch immer von den offenen Faschisten. Das ist sehr schlau. Trotzdem räume ich ihm keine großen Chancen ein, übermäßig stark zu werden.

In der westdeutschen Öffentlichkeit sind Neonazis eigentlich isolierte Grüppchen, im Verhältnis zur Bevölkerung. Es sind kleine Gruppen, die gefährlich sein können, aber sie sind auch geortet. Man weiß genau, wo sie sind. Ich bin mir nicht sicher, ob einer solchen Gefahr mit Verboten zu begegnen ist. Erscheinungen rechter Tendenzen gibt es doch auch in der DDR seit längerer Zeit. Ganz offenkundig wurde das, als Skinheads die Zionskirche überfielen. Das war schon fast organisierte Aktion, und dabei weiß man bis heute nicht genau, welche Rolle die Sicherheitsorgane damals spielten.

Was müßte sich in bezug auf Ausländer in der DDR ändern?

Es gibt ein Prozent Ausländer in der DDR, das ist sehr wenig. Ich bin nicht dafür, daß die DDR ein Einwanderungsland wird, aber andererseits wäre dieses Problem nicht so groß. Dann sollte man sich Gesetzgebungen bestimmter europäischer Staaten ansehen (zum Beispiel Schweden, BRD). Dort gibt es Regelungen, die das Zusammenleben mit Ausländern erleichtern. In der DDR mußte man für eine gewünschte Einbürgerung zwei Bürgen aus der SED vorweisen. Solches muß meines Erachtens geändert werden, das hat mit Deutschland zu tun. Asylrecht muß auch die DDR gewähren, das fordert die Erfahrung der deutschen Geschichte. Die Verankerung des Asylrechts in der Verfassung wäre ein Beitrag, Antifaschismus als Grundhaltung zu fördern. Sodann denke ich, daß sich Ausländer und Deutsche aus der DDR kulturell wirklich kennenlernen sollten. Vor allem gilt dies für Ausländer, die in größeren Gruppen herkommen. Wie ich hörte, wohnen Vietnamesen und Moçambiquer unter nicht eben sehr würdigen Bedingungen. An Wohnheimeingängen steht, daß Unbefugten der Zutritt verboten ist! Die dürfen nicht mal Besuch bekommen. Das geht alles nicht. Eine wirkliche Vielfalt muß möglich sein, und man muß daran denken, daß sich Geschichte zwischen Menschen und nicht zwischen Staaten abspielt. Darein spielt auch, daß bestimmte Regime wirklich reaktionäre Gesetzgebungen haben und daß die DDR mit ebensolchen Staaten Verträge schließt. Zum Beispiel hat die DDR gute Beziehungen zum Irak, und der ist ein faschistisches Regime. Im Prinzip war ich hier ein nicht gerngesehener Bürger, den man erduldet, aber nicht akzeptiert.

Sie erwähnten Asylrecht. Kann die DDR angesichts der derzeitigen ökonomischen Probleme einen verstärkten Zustrom von Ausländern überhaupt verkraften?

Das ist natürlich problematisch. Es gibt sicherlich große wirtschaftliche Schwierigkeiten. Andererseits ist Asylrecht auch ein Wirtschaftsfaktor. Im Augenblick gehen viele Menschen weg, und so ist die Möglichkeit da, jetzt: die Möglichkeit, die, die jetzt kommen würden, schnell ins normale Leben zu integrieren. Das ist auch eine Chance, aus diesem Eingeengtsein herauszukommen. Eine bunte Gesellschaft. Sie (die Asylanten) sollten nicht auf Kosten des Landes leben. Das gerade ist im Westen nicht gut. Wenn man dort als Asylant akzeptiert wird, muß man keiner Arbeit nachgehen; für zwei Jahre darf man nicht arbeiten. Hier müßte dies von vornherein klar sein, daß man arbeiten *muß*. Die wirtschaftlichen Zwänge erfordern dies.

Ist der Sozialismus für Sie noch eine Alternative?

Der Sozialismus ist eine Utopie, eine Utopie, die durchaus begründet ist. Der Kapitalismus *lebt* von der Ausbeutung. Wenn es nicht die der eigenen Bevölkerung ist, dann ist es die Ausbeutung der »dritten Welt«. Ich glaube, diese Frage kann nur durch den Sozialismus gelöst werden. Nur: Das bisherige war kein Sozialismus. Dazu kommt ein ganz großes Problem: Wenn man vom europäischen Haus spricht, vergißt man erstens die Welt, die »dritte Welt«. Und dann auch noch die armen Länder Europas (zum Beispiel Portugal, Griechenland und die Türkei). Wo gehören sie hin in diesem Haus? Bleiben sie weiter an der Peripherie, oder werden sie mit reingenommen? Der Weltkonflikt entsteht mit Vorboten in Europa. Das wird so nicht weitergehen können, die armen Länder werden sagen: Wir machen nicht mehr mit.

Wie haben Sie das Wahlrecht für Ausländer aufgenommen?

Ich habe mich mißbraucht gefühlt. Ich bin nicht hingegangen, weil ich diese Art von Wahlen sowieso immer als Farce empfunden habe. Und als plötzlich, über Nacht, den Ausländern das Wahlrecht eingeräumt wurde, habe ich mich schlicht und einfach mißbraucht gefühlt. Gegen das Prinzip habe ich nichts, nur eben nicht zu Propagandazwecken. Man wollte halt die Bundesrepublik übertrumpfen.

Der Gesprächspartner von Stefan Mahlke ist: Saleh Hussain, geb. 1947 in Bagdad; 1970–1975 Studium der Germanistik in Leipzig und der Theaterwissenschaft in Berlin; H. lebt in Berlin. Das Gespräch wurde am 17. Dezember 1989 geführt.

»Wir sind hier die UNO-Menschenrechtskommission«

Am 13. Dezember 1989 führte ich ein Gespräch mit Kollegen des Kombinats VEB Elektro-Apparate-Werke Berlin-Treptow/Abteilung Betreuung ausländischer Arbeitskräfte: Herrn Ludwig (zuständig für kubanische Kollegen) und Frau Brückner (zuständig für vietnamesische Kollegen). In diesem Gespräch ging es um die Arbeits- und Lebensbedingungen der ausländischen Kollegen im Kombinat.

Kubaner

Kollege Ludwig arbeitet aufgrund seiner Erfahrungen als Lehrausbilder seit 1979 mit kubanischen Werktätigen. Er ist zuständig für *alle* Probleme der Kubaner des EAW, die im Rahmen des Regierungsabkommens zwischen der DDR und Kuba »in beiderseitigem Interesse zur Ausbildung bei produktiver Tätigkeit« in der DDR arbeiten und im Rahmen der Erwachsenenqualifizierung zum Facharbeiter (Dreher, Fräser, E-Mechaniker) ausgebildet werden. Die DDR will – so sagte er mir – so das Arbeitskräftedefizit, das durch die geburtenschwachen Jahrgänge entsteht, ausgleichen. Sie sei aber nicht in der Lage, Voraussetzungen zu schaffen, um Menschen aus anderen Kulturkreisen, mit anderen Lebensgewohnheiten hier zu integrieren. Das Partnerland der DDR profitiere auch nicht immer von dieser Ausbildung, denn die ausgebildeten Berufe werden oft nicht gebraucht, so daß Kubaner – wieder zu Hause – bis zu einem Jahr nicht voll beschäftigt werden beziehungsweise nicht in ihrem Beruf arbeiten können. Das EAW bekam jedoch die Orientierung, diese Berufe mit der Perspektive auszubilden, daß nach einer Ausbildungszeit von 4 Jahren dann in Kuba die nötigen Arbeitsplätze geschaffen worden seien. Das trifft jedoch in den seltensten Fällen zu.

»Die Kubaner sind hier, um sich zu qualifizieren. Ich stehe immer zwischen Baum und Borke. Einmal muß ich die Interessen der Kubaner und einmal die des Betriebes vertreten. Der Betrieb sieht sie nur als Arbeitskräfte. Wir haben aber die Verpflichtung, daß sie auch einen Facharbeiter oder einen Teilfacharbeiter, entsprechend ihren Möglichkeiten und Voraussetzungen, erwerben. Jetzt stehe ich vor einem Problem mit der Betriebsberufsschule des EAW in der Mörickestraße, die den fachlich-theoretischen Teil zu verantworten hat: Diese Schule sträubt sich, mit den Voraussetzungen, die die Kubaner mitbringen, eine Facharbeiterqualifizierung analog unserer Facharbeiterausbildung durchzuführen. Ich habe das Gefühl, daß die mit Ausländern nichts mehr zu tun haben wollen, weil es zu problematisch ist.«

Das Ausgangsniveau für eine solche Ausbildung der Kubaner soll der Abschluß der 10. Klasse sein. Aber das tatsächliche Niveau der 10. Klasse in Kuba, so schätzte Herr Ludwig ein, liege etwa 1 bis 2 Jahre unter dem Niveau unserer 10. Klasse. Bevor die Kubaner in die DDR kommen, werden sie in einem »Camp« mit den gesetzlichen Grundlagen vertraut gemacht, »so ein bißchen werden sie vorbereitet«.

»Beim Ausländer müssen Abstriche gemacht werden, weil er doch manches nicht so begreift beziehungsweise die Vorbildung in den naturwissenschaftlichen Fächern nicht analog unserer Ausbildung ist. Ich kämpfe da seit Jahren einen Kampf, wahrscheinlich werde ich ihn verlieren, weil zu viele eben in den Menschen nur die Arbeitskraft sehen. Die industriellen Voraussetzungen sind doch in Kuba nicht so hoch wie bei uns. Dementsprechend muß doch also nicht das fachliche Niveau so hoch geschraubt sein, wie es bei uns ist. Aber ich stoße da immer auf taube Ohren.

Die Betriebsberufsschule will nur eine Grundausbildung geben, aber das reicht nicht. Sie wollen die fachtheoretische Ausbildung ab Januar endgültig abbrechen, und die jeweiligen Einsatzabteilungen, wo die Ausländer arbeiten, sollen die Ausbildung weiterführen. Doch das geht auch nicht, denn da muß die Produktion gebracht werden. Ich habe mal den Neuerervorschlag eingereicht, ein Lehrkabinett im Betrieb einzurichten, da führt aber kein Weg hin. Das ist nicht durchsetzbar, weil Räume fehlen.«

Kollege Ludwig ist nicht nur für die Berufsausbildung der Kubaner zuständig. »Ich sehe ja schon eine Ausbildung darin, wenn sie hier sind und anfangen Deutsch zu lernen. Schon allein im Arbeitsprozeß. Nach einem Jahr fangen wir erst mit der Qualifizierung an, aber was sie bis dahin in der Abteilung gelernt haben, ist in meinen Augen für sie schon eine Ausbildung. Allein schon die Arbeitsorganisation. Schwierigkeiten gibt es in der Einhaltung der Arbeitsdisziplin, Pünktlichkeit. Das sind alles Begriffe und auch Tätigkeiten, die sie von zu Hause aus nicht kennen. Es gibt so ein kubanisches Sprichwort: ›Eine Stunde später erscheinen, ist extrem pünktlich!‹ In den ersten vier Wochen bin ich da morgens immer hin und habe sie, sagen wir mal, ›getrimmt‹, um 6.00 Uhr anzufangen. Die meisten arbeiten im Dreischichtsystem nachher, aber da war ich um 5.00 Uhr im Wohnheim und habe sie geweckt. Das war nicht angenehm, aber in allen meinen Aussprachen, und wenn wir zusammengesessen haben, hab ich gesagt: ›Das ist das A und O, ein Industrieland oder eine Industrie kann doch nur existieren, wenn ein gewisses Arbeitsregime eingehalten wird und die Pünktlichkeit da ist. Denn die Maschinen müssen ja auch einen gewissen Rhythmus, eine gewisse Zeitvorgabe haben, zu laufen und da wird produziert, und das müssen wir einhalten.‹ Ihnen das klarzumachen ist schwer. Jetzt sind sie zwei, zweieinhalb Jahre hier, und jetzt kann man sagen, sie haben es fast begriffen.«

Wohnen

Untergebracht sind die Kubaner in Arbeiterwohnheimen des Magistrats, die Normative für Platzbedarf pro Person beträgt 5 m^2. In der Regel wohnen 5 Kollegen 4 Jahre lang in einem Raum, der 25 m^2 groß ist, mit unzureichenden Kochmöglichkeiten in der Wohnung.

»In Kuba ist noch die Großfamilie dominierend. Und hier sind sie auf sich allein angewiesen und müssen selbständig alles machen. Und das ist das, was ihnen auch Schwierigkeiten bereitet. So nach einem halben, dreiviertel Jahr kommt das große Heimweh. Da haben sie dann auch ein moralisches Tief. Und deshalb muß der Heimbetreuer ihnen Vater und Mutter ersetzen, beziehungsweise ich versuche es auch. Bloß, ich muß in manchen Dingen konsequenter und auch strenger sein, und ich werde zu 50 Prozent geliebt und zu 50 Prozent ... gehaßt kann man nicht sagen.«

Eingewöhnung

Bei den »Neueinreisen« wird eine Eingewöhnungsphase von 4 bis 6 Wochen gewährt, in der sie den ersten Deutsch-Intensivlehrgang besuchen. Kollege Ludwig organisiert aus Privatinitiative Stadtrundfahrten, Besuche in kulturellen Einrichtungen und trainiert mit den Kubanern das Einkaufen, den Umgang mit Geld und vollen Regalen, das Benutzen öffentlicher Verkehrsmittel, den Besuch von Gaststätten und die Benutzung sanitärer Einrichtungen (all dies sind Erfahrungen von Kollegen Ludwig, vorgebebene Programme hierfür existieren nicht).

Im ersten Jahr lernen sie in einem Intensivkurs Deutsch mit mehr oder weniger großem Erfolg. Wer hier durchfällt, müßte eigentlich laut Abkommen wieder zurück. Die Sprache ist das größte Problem der Kubaner, weitere sind die andere Kultur, die Sitten und Mentalitäten, mit denen sie hier konfrontiert werden und sich erbarmungslos anpassen müssen, »denn die Leute hier messen alles mit der DDR-Elle«.

Ernährung

Das Essen in der DDR entspricht nicht ihren Gewohnheiten. Das Hauptnahrungsmittel Reis wird in den Kantinen überhaupt nicht angeboten, schwarze Bohnen sind gar nicht erst im Handel erhältlich.

»Wir hatten zuerst angestrebt, das Kantinenessen auf die Ernährungsweise der Ausländer einzustellen, und dann haben die Köche doch nicht so landestypisch gekocht, der Reis müßte körniger sein und so. Da hab ich gesagt: ›Paßt auf, ich mach' Euch einen Vorschlag. Der Mensch ist ein Gewohnheitstier. Ihr gewöhnt Euch an unsere Kost, dann habt Ihr keine Probleme. Wenn Ihr nach Hause kommt, könnt Ihr zu Hause Euer landestypisches Essen machen, und hier eßt Ihr das, was die DDR-Bürger essen‹.« Eine Ausbildung kubanischer Köche im EAW würde nach Kollegen Ludwigs Meinung zu weit führen.

Erkrankungen des Magen- und Darmtraktes bei den Kubanern sind jedoch nicht so häufig wie bei den Vietnamesen. Ein größeres Problem als die Ernährung ist das Klima. »Wenig Sonne. Sie sind in ihrem Gemütsverhalten davon abhängig. So wie jetzt, Herbst, schlechtes Wetter, schlägt sich schon bei uns Europäern aufs Gemüt, und bei ihnen noch mehr. Sie sind es eben gewöhnt, unter der Sonne zu arbeiten, bei Wärme.«

Arbeit

Die Kubaner werden in »gemischten« Brigaden eingesetzt, der Anteil der deutschen Kollegen ist größer, da sich sonst »ihr« Arbeitsstil durchsetzen würde. Fast alle sind in die Kollektive integriert. Sie neigen jedoch dazu, lauter aufzutreten, was von den Kollegen als störend empfunden wird. Sie sind auch unbekümmerter. Sie haben in den Pausen gesungen oder haben getrommelt. Sie haben ja auch ein Rhythmusgefühl, und wenn dann nebenan die Stanze pocht, schlagen sie den Takt mit, was die Deutschen nicht so gut finden. Es gab dann auch immer Aussprachen, das haben sie dann eingestellt, wurden doch ein bißchen gehemmt.«

Temperament

»Sie sind im allgemeinen temperamentvoller als wir, was bei Feiern als angenehm empfunden wird, wenn es sich im Rahmen hält. Es gab auch Auseinandersetzungen. Sie haben auch das Macho-System. Der Mann hat dort das Sagen, die Frau hat nicht viel zu bestellen. Die Frau hat dort zu fragen, ob sie zum Strand gehen darf oder in ein Lokal. Der Mann hat das Recht, jede Frau aufzufordern. Weil bei uns die Emanzipation der Frau doch weiter fortgeschritten ist als in manch anderen Ländern und eine Frau hier selbständiger ist, haben die Kubaner auch manchmal Schwierigkeiten mit unseren Frauen. Sie denken eben, wenn sich die Frau freier bewegt oder spricht oder ihr Verhalten anders ist, daß sie nun gleich auf die Kubaner anspringt. Wobei sie sich mitunter auch unwiderstehlich fühlen, als Mann. Da mußten wir ihnen eben auch beibringen, wenn eine Frau ›Nein‹ sagt, daß sie dies auch zu respektieren haben. Da gab es hier im Betrieb anfangs auch Probleme, daß sie einer Frau nachgestellt sind und die Frau dann bei mir angerufen hat: ›Herr Ludwig, ich kann mich dem nicht mehr erwehren, entweder der hört damit auf, oder ich muß ihm eine knallen.‹ ›Na‹, sag' ich, ›na gut, ich sprech' mit ihm.‹ So massiv war das dann schon.«

Kubanerinnen

»Die kubanischen Mädel haben in den ersten Jahren keinen DDR-Bürger angeguckt, irgendwie war da ein Tabu. Das hat sich in den letzten Jahren geändert. Ich habe 2, 3 Fälle, wo sich ein kubanisches Mädchen mit einem DDR-Bürger liiert hat. Ich habe jetzt einen Fall von dieser Gruppe, wo eine Kubanerin eine DDR-Bürger heiraten möchte, aber das ist nicht die erste. Dann sind andere auch mit DDR-Bürgern liiert. Die Jungs waren am Anfang dagegen, aber das hat sich durchgesetzt. Die Kubaner können heiraten, das Problem ist dann das Hierbleiben. Kubaner müssen nach 4 Jahren zurück. Da müssen sie einen Antrag stellen, daß sie wieder aus Kuba ausreisen können und in die DDR kommen dürfen. Es sind auch schon viele kubanische Jungs mit DDR-Bürgerinnen verheiratet, die so auf diesem Wege wieder in die DDR einreisen. Ich habe aus den alten Gruppen ungefähr 20 Kubaner, die wieder im Betrieb angefangen haben. Die haben hier Frauen und Familie, und das Eigenartige ist, sie sind, wenn sie verheiratet sind und hier leben, wie wir, in der Disziplin und alles. Und vorher waren das, ich will nicht sagen die größten Rabauken, da hatten wir Mühe, daß sie sich hier einordnen.«

»Kinderkriegen ist geregelt, da muß die Frau zurück, und wir haben auch schon mehrmals von der Möglichkeit der Unterbrechung Gebrauch gemacht. Die kubanische Seite ist überhaupt nicht dafür, daß das Geburtengesetz bei ihren Mädchen zur Anwendung kommt. Auf der einen Seite schade, leider. Auf der anderen Seite sagt die kubanische Seite: ‚Die sind hier, um zu arbeiten, sich auszubilden und nicht, um Kinder zu kriegen.' Aber da gibt es auch wieder Probleme hinsichtlich der Gynäkologie. Sie werden in Kuba nicht genügend aufgeklärt, das müssen wir dann hier auch machen. Dann gibt es Probleme mit der Einnahme der Pille, die ja eine gewisse Regelmäßigkeit erfordert. Dann müssen wir auf eine Schleife zurückgreifen usw., die Mädchen dann dazu kriegen. Wir machen Gespräche mit der Frauenärztin am runden Tisch.«

»Schwangere Frauen müssen nach Kuba zurück. Ich hatte einmal einen Fall, da hat sie es verheimlicht, sie hat sich geschnürt und nach dem siebenten Monat, wo ich das dann mitbekam, wurde sie vorgestellt. Da war sie dann flugunfähig. Im Wohnheim durfte sie aus hygienischen Gründen auch nicht wohnen, man durfte damals dort kein Kind haben. Jetzt gibt es aber schon wieder Ausnahmeregelungen. Sie mußte damals in ein Mütterheim in Bad Saarow, bis das Kind geboren wurde, und dann zurück nach Kuba.«

Lohn und Norm

Die Kubaner werden mit der Lohngruppe IV eingestellt. Das ist die Lohngruppe für ungelernte Tätigkeiten. Sie haben ein halbes Jahr Einarbeitungszeit und müssen dann 100 Prozent Leistung bringen. Von ihren Fertigkeiten hängt es dann ab, ob sie Facharbeiterarbeiten übernehmen, um einen Lohn der Lohngruppe V, manche sogar der Lohngruppe VI zu erhalten. Der übergroße Teil hat Probleme, nach einem halben Jahr die Norm zu schaffen. »Ich mach' mir immer jeden Monat eine Statistik über Normerfüllung und deren Intervalle. Zum Beispiel in der Radiofertigung sind Normen von VEB Sternradio ziemlich ‚ausgequetscht', andere sind gut, aber ich habe dort die niedrigste Normerfüllung. Nach zweieinhalb Jahren sieht die Normerfüllung im Oktober so aus«:

	unter 80 %	unter 99 %	über 100 %	über 111 %	über 120 %
Radiofertigung	3	11	3	3	1
Elektronik			14	7	1

Die deutschen Kollegen kommen meistens auf über 100 Prozent. »Ich habe hier in der Radiofertigung einen großen Anteil an Mädchen. Da ist mal Lust, mal nicht Lust, das hängt auch mit der Erziehung zu Hause zusammen. Da habe ich auch die größten Probleme in der Krankschreibung, bei den Mädchen 232 Krankenstunden in diesem Monat, und bei den Jungs hab' ich nicht eine Krankenstunde. Also Mädchen sind anfälliger, wehleidiger. Und wenn jetzt ein Einrichter mal ein bißchen grob spricht, dann wollen sie nicht arbeiten.«

Mit Kubanern selbst durfte ich nicht reden. »Die kubanische Seite ist immer ein bißchen gegen solche Interviews. Die wollen die Fragen vorher wissen, und dann suchen sie sich die Leute aus.«

Kollegin Brückner zeigte mir zuerst einen Brief, den sie am 1. November 1989 an Egon Krenz im Auftrag des Kollektivs geschrieben hat (in Auszügen): »... Es gibt zu wenig umfassende Informationen über die konkrete Situation in der SRV und den anderen sozialistischen Ländern, von denen wir Bürger bei uns beschäftigen, in den Medien. Daraus resultiert zu wenig Verständnis in der Bevölkerung zu diesen Fragen. Auch müßten in unseren Medien Sendezeiten in der Landessprache eingeräumt werden (insbesondere Fernsehen) ...

Wir wissen, daß die meisten Waren (die die Vietnamesen hier kaufen) in Vietnam verkauft werden, um entsprechende finanzielle Mittel zur Unterstützung der Familien zu erlangen ...

Dadurch konzentrieren sich die Warenkäufe auf ganz bestimmte Sortimente, was zusätzlich zu Verknappungen (Hauptschwerpunkt: Moped- und Fahrradersatzteile) im Handel und zu Schwarzmarktgeschäften zwischen Verkäufern und unter den Vietnamesen führt.

Das Fluggeschehen bei Heimreisen/Urlaub gestaltet sich bei Interflug, aufgrund von viel zu geringen Kapazitäten, zu reinsten Schlachten. Dadurch, daß *kein* Übergepäck aufgrund der geringen Kapazität mitgeführt werden kann (nur 20 Kilogramm Gepäck), stehen die Kollegen vor dem Problem, nicht einmal Geschenke für die Familien mitnehmen zu können. Es ist jedesmal eine Tragödie, die sich in Schönefeld abspielt, und die psychologischen Belastungen sowohl für die vietnamesischen Kollegen als auch für uns sind kaum ertragbar ...

Der vereinbarte Urlaubskistenversand (1 m^3/Person) wird aufgrund von Bilanzierungsnotwendigkeiten erst ab 1991 wirksam, und dann sind diese Kisten per Schiff bis zu 12 und mehr Monate unterwegs.

Wir haben zum Beispiel 350 vietnamesische Werktätige, da kannst Du Dir vorstellen, welchen Umfang diese Aktionen mit den Kisten (bauen, füllen, abnehmen, versenden – und kein entsprechender Platz) mit sich bringen ...

Was sollen die Vietnamesen für ihr Geld kaufen? (Das) Einkommen/Person (beträgt) zirka 30 000 bis 35 000 in fünf Jahren. Die Ausfuhr ist auf 50 Prozent ihres Einkommens begrenzt. Gleichzeitig stellt sich die Frage, warum polnische Arbeitskräfte 80 Prozent ihres Nettoeinkommens ausführen dürfen und die Zollbestimmungen bei diesen wesentlich großzügiger sind, obwohl die polnischen Kollegen jedes Wochenende nach Hause fahren können? Wenn die vietnamesischen Kollegen einmal in 5 Jahren in den Urlaub fahren, ist es nicht einmal möglich, Übergepäck zu buchen ...

Weiterhin wird von den vietnamesischen Kollegen die Frage gestellt:

Warum ist ein Transfer von Mark der DDR in Dong nicht möglich, kubanische Werktätige können das auch (45 Prozent des Einkommens)?

Bisher mußten wir feststellen, daß von allen zentralen Institutionen, wie Staatssekretariat für Arbeit und Löhne, Magistrat, Ministerium, nur Forderungen gestellt werden, aber keine konkreten Unterstützungen oder Antworten und Lösungen erfolgten ...«

Ein erster Erfolg ist zu verzeichnen. Am 21. Dezember 1989 hat sich der Abteilungsleiter Schröder vom Ministerium für Arbeit und Löhne zu einem Gespräch angemeldet.

Frau Brückner arbeitete vor zwei Jahren noch beim Außenhandel, dort hatte sie viel mit Japanern zu tun. Ihr liegt die Mentalität der Asiaten, die asiatische Kultur fasziniert sie. Deshalb übernahm sie 1987 die Stelle als Abteilungsleiter für Betreuung vietnamesischer und koreanischer Werktätiger im EAW. Der Brief, so betonte sie, ist nicht auf Initiative des Betriebes entstanden. Das Engagement der Verantwortlichen ist in den Betrieben sehr unterschiedlich entwickelt. »Die Probleme, die mit den Ausländern entstehen, wenn man sie als Arbeitskräfte ins Land holt, wurden überhaupt nicht berücksichtigt. Das Problem ist bis in die Betriebe abgeschoben worden, ohne jegliche Unterstützung von zentralen Organen. Das ist eine Katastrophe, und das spitzt sich immer mehr zu. Auf der einen Seite sagen wir, wir haben mündige und gleichberechtigte Bürger, und auf der anderen Seite behandeln wir sie teilweise so wie die Türken in Westberlin. Dann haben wir uns auseinanderzusetzen mit den Erscheinungen, daß gesagt wird: ›Die sind hier zum Arbeiten, und die haben das zu machen, was wir ihnen vorsetzen.‹ Da haben wir innere Kämpfe auszustehen, die bis an die physische und psychische Grenze gehen. Die wenigsten Betriebsleitungen identifizieren sich mit diesen Problemen. Die sagen: ›Wir haben eine Abteilung, und die hat sich darum zu kümmern‹, sehen aber nicht, daß der gesamte Betrieb mit seinem Potential hier gefordert ist. Alles, womit ein Mensch in der Gesellschaft konfrontiert wird, müssen wir regeln. Für 650 ausländische Werktätige aus 4 Nationen stehen 20 Kollegen für die Betreuung zur Verfügung. Wir sind die UNO-Menschenrechtskommission hier, auch auf verlorenem Posten.«

Wohnheim

Die Größenordnungen der Wohnheime sind kaum noch zu verkraften. Der Leitungsstil dieser Heime wird in keiner Weise den Anforderungen gerecht. »Ich bin der Meinung, auf diese Art und Weise, sozusagen ghettoähnlich, kann das nicht weitergehen. Die Wohnungen sind eigentlich für einen normalen Familienbetrieb ausgelegt und nicht für ein Zusammenleben von 11 fremden Personen, die sich zurechtfinden müssen. In der Hans-Loch-Straße sind zum Beispiel superkleine Wohnungen (40 m^2), in denen 8 Ausländer wie in Tierkäfigen, also ganz schlimm, wohnen müssen. Das Bad und die Küche sind ohne Fenster, solche Einbauküchen, und nun müssen da 8 Menschen drinnen wohnen und 8 Mann kochen, und 8 Mann in einer Toilette und Bad, und sich und ihre Wäsche waschen. Da können Sie sich vorstellen, wie die Küchen und Bäder aussehen. Die Sanitäranlagen sind nicht entsprechend der Personenanzahl abgesichert.«

Ernährung

Die deutsche Küche bekommt den Vietnamesen nicht. »Sie kochen dann lieber zu Hause. Sie sind sehr anfällig im Magen-Darm-Bereich. Teilweise liegt das daran, weil sie körperlich kaum etwas zuzusetzen haben. Wenn nervlich bedingte Probleme auftreten, schlägt das auch meist auf den Magen zurück. Aber das Problem liegt noch weiter zurück. Die Versorgung in Vietnam ist ja seit langem auch nicht mehr gesichert. Die sind ja hier angekommen, fast unterernährt, richtig ausgehungert. Dann sind sie nicht an unsere fette Nahrung gewöhnt, das Gemüse wird ja bei ihnen nicht gekocht, sondern gedünstet, und das viele Fleisch sind sie ja auch nicht gewöhnt. Wir essen hauptsächlich Schweinefleisch, das kennen sie gar nicht. Sie essen hauptsächlich Geflügel und Rindfleisch. Da haben sie eben Probleme, aber das kompensieren sie, indem sie zu Hause kochen. Der Vietnamese ißt ja dreimal am Tag warm. Aber 11 Mann in einer Wohnung, und dann nur eine Küche mit einem Herd, also 3 Kochstellen, wie dann die Küche aussieht! Das ist 33mal kochen am Tag, ohne Gäste, aber allein dies reicht schon aus, der Wrasen, der da entsteht. Oftmals kocht jeder für sich allein, manchmal zu zweit, und das im Dreischichtsystem. Wenn dann nun einer nachts nach Hause kommt und kocht, daß der sich danach nicht hinstellt und saubermacht ist klar, und der, der morgens dann zur Frühschicht geht, auch nicht saubermacht, ist auch klar. Wenn dann gesagt wird, die Vietnamesen sind Schweine, denen müßte man das Kochen verbieten, dann brauch' ich dazu nichts mehr zu sagen. Eigentlich müßte man bei solchen Massen Reinigungskräfte einsetzen, damit kann man das verhindern. Anders kann ich das gar nicht in einen normalen, unserem Reinlichkeitsgefühl entsprechenden Zustand bringen. Im Regierungsabkommen ist so etwas nicht berücksichtigt worden.«

Freizeit

Durch die »Disziplinierung« baut sich bei vielen Vietnamesen ein Frust auf. Es gibt nichts, wo sie ihn ablassen können. »Wo sie sich einigermaßen heimisch fühlen, ist das Wohnheim. Zu Hause haben (unsere) Männer dann noch Aufgaben, wie Kohlen holen oder dies und das noch reparieren, im Wohnheim aber nichts. Letzten Endes wird Bier getrunken und relativ viel Alkohol konsumiert, was auch wieder zu bestimmten Aggressionen führen kann, was aber sehr selten auftritt. Meistens sind die Deutschen, die als Besuch eingeladen werden, die Besoffenen, aber en gros.«

»Im Freizeitbereich sind wir überhaupt nicht auf die Vietnamesen eingestellt. Alles, was wir da organisieren, ist mit einem unheimlichen Kraftaufwand verbunden. Die finanziellen und die räumlichen Möglichkeiten reichen nicht aus. Der Betrieb hat selbst kein Interesse an einer Unterstützung dieses Bereichs. Unser Vorschlag hierzu wäre, daß der Kulturbund sich dieser Probleme annimmt. Filme in vietnamesischer Sprache auf Video zu vertreiben, Videos in vietnamesischer Sprache über die DDR zu drehen, den vietnamesischen Büchervertrieb anzukurbeln und und und.« Es gibt keine Radio- oder Fernsehsendungen in vietnamesischer Sprache, Zeitungen und Zeitschriften kommen sehr verspätet an, die Anzahl ist zu gering.

Ausbildung

»Die Vietnamesen kommen her, um Geld zu verdienen, Qualifizierung auch. Aber jede Qualifizierung ist mit Mehranstrengung verbunden, und die Stunden der Freistellung zur Ausbildung werden nur im Durchschnittslohn bezahlt. Ihre Motivation ist aber so, daß sie soviel wie möglich nach Hause schicken wollen. Auf der anderen Seite steht das Problem, ob sie, wenn sie wieder zu Hause sind, überhaupt in dem ausgebildeten Beruf Arbeit bekommen. Außerdem dieses Zukunftsdenken, so wie wir das gewöhnt sind oder waren, ist bei ihnen gar nicht da. Die leben ja von einem Tag zum anderen, das heißt, das Leben von heute auf morgen abzusichern. So daß das gar nichts nutzt, wenn man mit ihnen redet: ›Mensch, denk' doch mal an später‹.«

Arbeit

Alle Vietnamesen erhalten zuerst die Lohngruppe IV. »Wir haben dann bei denen die Löhne erhöht, wo wir wußten, daß Berufe dahinterstanden. Wenn sie nach einem halben, dreiviertel Jahr bewiesen haben, daß da Facharbeiterberufe dahinterstanden und der Meister das so einschätzte, konnten wir eine höhere Lohngruppe ansetzen. Anders dagegen, wenn sie ihre Papiere mithatten, mit denen sie ihren Abschluß belegen konnten. Es gibt jedoch keine staatliche Auflage, daß die Papiere mitzubringen sind, das ist nicht über das Regierungsabkommen geregelt.«

»Wir haben einen relativ hohen Qualifizierungsstand bei den Vietnamesen. Es hat ja jeder gedacht, hier kommen völlig Ungelernte an. Wir haben aber allein 35 Hoch- und Fachschulkader hier und nochmal zirka 65 Facharbeiter (von 350 Vietnamesen). Wenn einer zum Beispiel Lehrer ist, und er arbeitet an der Stanze, dann nutzt ihm sein Abschluß gar nichts, dann kriegt er Lohngruppe IV.

Wenn ein Vietnamese einen bestimmten Arbeitsplatz zugewiesen bekommt, so muß er die 5 Jahre, die er in der DDR ist, an diesem Arbeitsplatz arbeiten. Das heißt, ein Lehrer arbeitet 5 Jahre an der Stanze, davon im ersten halben Jahr für Lohngruppe IV. Wenn er gut ist, und sein Meister dies auch so einschätzt, kann er auf Lohngruppe V kommen. Mit den qualifizierten Leuten haben wir die wenigsten Probleme in Fragen Disziplin und Einsatz. Die haben Verantwortungsbewußtsein, da spielt das geistige Niveau schon eine große Rolle. Dann haben wir noch ausgesprochen junge Leute. Die Achtzehnjährigen von dort sind nicht mit unseren Achtzehnjährigen zu vergleichen, die sind noch wie Kinder. Die sind rausgerissen aus ihren Familien und haben große Probleme im Wohnheim.« »Die Vietnamesen haben auch ein anderes Arbeitsgefühl. Auf der einen Seite diese Intensität bei der Arbeit, und auf der anderen Seite spielt das Klima in den südlichen Ländern eine große Rolle, so daß sie mittags eine Ruhepause einlegen und nachts, wenn es kühl wird, dann erst so richtig aktiv werden. Das kriegt man in den 5 Jahren nicht aus ihnen heraus.«

Spannungen zwischen Vietnamesen und Deutschen sind seit Oktober nicht größer geworden, so meint Frau Brückner. »Ende '88, Anfang '89 gab es starke Spannungen. Da gab es an ganzen Bändern in der Radiofertigung Arbeitsniederlegungen. Die Hauptursache war, daß wir keine geschulten Leitungskräfte da hatten und die Leiter auch ständig wechselten. Die Vietnamesen haben die Arbeit niedergelegt, weil sie sich schikaniert fühlten. Wenn so unqualifizierte Leute als Meister oder Einrichter falsche Anweisungen gaben, schlecht das benötigte Material organisiert wurde, kurzfristig die Arbeitsaufgaben geändert wurden, haben sich die Vietnamesen dann eben auf stur gestellt. Das muß man aber auch so sehen: Die Ausländer sind teilweise nur einseitig programmierbar. Wenn man eine Arbeitsaufgabe erläutert, dann wollen sie das aber auch den ganzen Tag machen und nicht nach einer halben Stunde eine neue Aufgabe bekommen. Dann gab es Unzulänglichkeiten in der Lohnabrechnung und so weiter. Aber das sind alles Ursachen gewesen, die auf der DDR-Seite lagen. Wenn unsere Seite mal sagt, mach' doch ruhig oder so, dann ist das bei ihnen doch Geld.«

»Von der Grundhaltung waren die DDR-Bürger den Vietnamesen sehr zugetan, weil sie gegen die Amis gekämpft und auch gewonnen haben. Da gab es positive Ansätze, aber als sie dann Nähmaschinen in den unteren Preislagen weggekauft haben, zu zwanzigst nach Nähmaschinen angestanden haben, kam dann die Meinung bei den Deutschen auf, daß die handeln. Wenn dann ein Vietnamese 20 Nähmaschinen kauft, ist das ja so, weil er die dann an andere Vietnamesen wieder verkauft, weil die ja Schicht arbeiten und dann nicht dazu kommen, wenn es welche gibt. Das ist ja bei den Polen noch etwas anderes. Der Pole kauft ja hier, um mit Gewinn drüben wieder zu verkaufen, das macht der Vietnamese nicht, dieses typische Schachern. Er erarbeitet mit seiner Leistung Geld. Damit versucht er Waren zu kriegen (auch mit viel Bestechungsgeldern bei deutschen Verkäufern in Westmark), die er dann nach Vietnam schickt, damit seine Familie, wenn sie es dort verkauft, überleben kann.«

»Solange die Solidarität weit weg ist, ist alles kein Problem. Wenn dann aber die Menschen da sind und man selbst am Arbeitsplatz bestimmte menschliche Werte aufbringen muß, ist die Toleranz weg. Ausländer sollen wie Deutsche sein. Unsere Menschen haben dies nie gelernt.« Vietnamesen haben nur geringe Kontakte außerhalb der Arbeitszeit. Wenn ein Deutscher nach Vietnam kommt, wird er mit sehr viel Gastfreundschaft empfangen, in den Familien herumgereicht, weil das eine Ehre ist. Vietnamesen sind nach der Arbeitszeit in ihren Wohnheimen allein, isoliert wie im Ghetto. Aber auch deutsche Familien isolieren sich. »Seitdem ein gewisser Wohlstand eingezogen ist, ziehen sich die deutschen Kollegen auch in ihre Privatsphäre zurück. Mit Ausländern will kaum einer belastet werden.«

Das Gespräch führte Felix Mühlberg, 2. Studienjahr, Ethnographie, Sektion Geschichte der Humboldt-Universität zu Berlin.

Kisten für Vietnam

Ich denke, wir sollten gar nicht erst den Fehler machen, wie die Bundesrepublik, so viele Ausländer ins Land zu holen. Damals hat die BRD die Ausländer ins Land geholt, weil Arbeitskräfte gebraucht wurden. Die wiederum waren mit Jobs zufrieden, die Deutsche nicht machen wollten. Jetzt aber wird die Bundesrepublik der Lage nicht mehr Herr und versucht, die Ausländer wieder loszuwerden. Diese Erfahrung vor Augen, sollten wir nicht denselben Fehler machen.

Die Ausländer, die hier leben und arbeiten, sollten sich auch den hiesigen Verhältnissen anpassen. Die können hier nicht machen, was sie wollen. Zum Beispiel gibt es Ärger, wenn Afrikaner oder Kubaner auf die bei ihnen vielleicht erfolgreiche Art Frauen »anmachen«. Das mag ja in ihren Ländern so üblich sein, bei uns aber nicht. Wenn sie schon hierherkommen, sollten sie sich zurückhalten und ruhig sein.

Ausländer bei uns sollten auch keine Vergünstigungen erhalten. Sie können hier einen Beruf erlernen, aber nach der vereinbarten Zeit (ursprünglich waren das wohl drei Jahre) sollten sie dann auch wieder nach Hause. Überhaupt, zu Beginn war das doch so gedacht, daß sie hier einen Beruf erlernen und mit ihren erworbenen Kenntnissen und Fähigkeiten dann in ihrer Heimat helfen, eine Wirtschaft aufzubauen. Doch mittlerweile kommt es mir so vor, als ob die bloß alle herkommen, um das große Geld zu verdienen, dieses in bestimmte Waren umzusetzen und mit dem Verkauf dieser Waren in ihren Heimatländern auszusorgen. Ich selbst habe einige Kisten von Vietnamesen mitgepackt. Drei Mopeds in einer Kiste waren keine Seltenheit. (Außerhalb Berlins mußt du mitunter zwei Jahre auf ein Moped warten!) Davon kann man in Vietnam den Rest seines Lebens bestreiten. Und das haben die meisten so gemacht. Man sieht ja kaum einen Vietnamesen auf der Straße, der nicht zwei Fahrräder unterm Arm hat.

Deshalb stimme ich den jetzt eingeführten Einkaufsbeschränkungen zu.

Wer, bitte schön, braucht denn 50 Kilogramm Zucker für sich? Zwei Pakkungen Reis reichen auch erstmal für eine Woche. Es kann auch nicht sein, daß jemand fünf Paar Schuhe auf einmal kauft. Wir haben doch selber Schwierigkeiten mit der Versorgung unserer Bevölkerung. Unserer Wirtschaft geht es nun mal nicht so gut, und danach haben sich auch die Ausländer zu richten. Deshalb befürworte ich auch, daß Zöllner und Verkäuferinnen sich im Zweifelsfalle die Ausweise zeigen lassen. Was ist daran diskriminierend? Wenn die Ausländer soviel Geld verdienen, sollen sie sich dafür auch etwas kaufen. Aber eben nicht die Artikel, die eh schon knapp sind beziehungsweise subventioniert werden. Ich selbst habe vietnamesischen Kollegen noch geholfen, bestimmte Waren zu bekommen. Im nachhinein muß ich sagen, daß wir ganz schön ausgenutzt wurden.

Wenn Vorschläge kommen, den Ausländern Wohnungen zur Verfügung zu stellen, damit sie aus den Wohnheimen herauskommen und mehr unter uns und mit uns leben, kann ich dem nicht zustimmen. Man schaue sich nur mal die Wohnheime an. Nach einem halben Jahr ist vom Zustand der Übergabe nicht mehr viel zu sehen. Natürlich haben die Vietnamesen andere Koch- und Eßgewohnheiten als wir (sie braten zum Beispiel viel mit Öl), aber wie die Küchen nach kurzer Zeit dann aussehen. Auch die Wohnungen selbst werden kaum sauber gehalten. Das sind völlig andere Maßstäbe in Sachen Sauberkeit. Auch die Toiletten kannst du nach kurzer Zeit nicht mehr benutzen. Da scheint sich niemand verantwortlich zu fühlen. Wenn solche Schwierigkeiten schon in Wohnheimen auftauchen, wie würden dann erst eigene Wohnungen »behandelt« werden?

Auch auf der Arbeit gibt es manchmal Probleme. Wenn es zum Beispiel etwas Schweres zu heben gilt, kommen gleich Ausflüchte seitens der Vietnamesen. Man könne nicht, das sei doch zu schwer usw. Oder ein Koreaner: Als ich zu ihm sagte, er müsse eine Arbeit noch einmal machen, da das Werkstück nicht die erforderliche Qualität habe, warf er das Werkzeug hin und verzog sich erstmal. Und wenn du was gegen ihren Führer (Kim Il Sung) sagst, wird es fast lebensgefährlich für dich. Auf den lassen sie nichts kommen.

Ich bin auch gegen ein Wahlrecht für Ausländer. Das ist sowieso nur eingeführt worden, um schneller zu sein als der Westen. Ich sehe die Gefahr, daß Ausländer damit über unsere Angelegenheiten mitentscheiden beziehungsweise wichtige Entscheidungen blockieren.

Also ich denke, Ausländer sind bei uns zu Gast. Dementsprechend sollten sie sich auch benehmen. Und da wir im Augenblick große wirtschaftliche Probleme haben, sollten sie sich nach notwendigen Maßnahmen richten. Auf keinen Fall sollten noch mehr Ausländer ins Land geholt werden.

Dies ist die nachträgliche Zusammenfassung eines Gesprächs vom 14. Dezember 1989 mit T. R., Werkzeugmacher, Berlin, 35 Jahre alt. Der Befragte hat seit Jahren Kontakt mit Kollegen aus Vietnam, die mehrjährige Ausbildungs- und Arbeitseinsätze in der DDR absolvieren. Das Gespräch führte Stefan Mahlke.

Wo gearbeitet wird, da braucht man auch Ausländer

Straßenprotokolle

Mann, Mitte 20

Können Sie sich die Zukunft der DDR ohne Ausländer vorstellen?

Nein.

Und sollen die hier leben können oder nur arbeiten oder nur Urlaub machen?

Na, am schönsten wäre natürlich, wenn sie hier nur Urlaub machen könnten, aber ... ich will mal sagen, in der derzeitigen Arbeitskräftesituation sind wir auf die Ausländer angewiesen.

Und finden Sie die Maßnahmen der Regierung Modrow angemessen, daß Ausländer kontrolliert werden beim Einkaufen?

Das läßt sich nicht umgehen, will ich mal sagen, weil wir, gerade mit Polen haben wir herbe Enttäuschungen erlebt.

Was für Enttäuschungen?

Daß die uns Artikel weggekauft haben, die eben bei uns rar waren. Dadurch kam's zum Ausverkauf, und für uns DDR-Bürger war da nichts oder sehr wenig vorhanden. Bloß, wenn sie jetzt hier arbeiten und leben, will ich mal sagen, dann steht es ihnen auch frei, Dinge mit in ihr Land zu nehmen, also praktisch jeden Artikel.

Was halten Sie von der Idee, 27 000 Italiener hier leben zu lassen, die sich dafür beworben haben?

Na, ich find's gut, daß der Antrag erstmal abgelehnt wurde.

Warum?

Na, man steht jetzt erstmal Ausländern skeptisch gegenüber, würd' ich sagen, eben durch die Situation mit den Polen, weil, sie leben ja auch hier, haben gearbeitet. In dem Betrieb, wo ich arbeite, da gibt's keine Ausländer, weil ... es ist eben ein Rüstungsbetrieb. Und deswegen besteht vielleicht bei vielen DDR-Bürgern erstmal ein gewisser Abstand Ausländern gegenüber. Aber wie sie nun ihre Arbeit in den Betrieben verrichtet haben, kann ich nicht sagen. Deswegen, würde ich sagen, ist erstmal ein Abstand.

Mann, Anfang 30

Können Sie sich die Zukunft der DDR ohne oder mit Ausländern vorstellen?

Ohne, das ist besser.

Und warum?

Weil, die meisten nehmen uns die Arbeitsplätze weg. Wir rennen selber schon über acht Monate wegen Arbeit rum, wir kriegen keine Arbeit hier.

Ich dachte immer, die sind reingekommen, weil es zu wenig Arbeitskräfte gab in der DDR?

Na, jetzt mag's vielleicht sein, aber im Sommer war nischt drinne.

Und wie leben die in der DDR? Leben die so, daß man mit denen leben kann, oder gibt es da Probleme?

Na ja, vor allem mit Kubanern gibt's viele Probleme. Vor allen Dingen, man kann nicht zum Tanz gehen mit der Freundin und so, da gibt's Schlägereien, Messerstechereien, das außerdem noch.

Nehmen die sozusagen den Deutschen die Mädels weg?

Jawohl. Sonst wäre ich ja schon längst verheiratet.

Und wie ist das mit den anderen Ausländern? Die Vietnamesen, die sind doch eigentlich als sehr ruhig bekannt und fleißig.

Die sind ruhig und friedlich. Vietnamesen und Chinesen sind ruhig.

Also sollte man die Vietnamesen und Chinesen dalassen und die Kubaner nicht? Oder besser alle raus?

Na überhaupt, die ganzen Ausländer raus. Alles raus. Denn das Wohnungsbauprogramm soll ja schon längst geklärt sein, eigentlich, na bis '90 sozusagen. Aber wär'n die alle raus, da wär's geklärt. Schon längst.

Die kriegen Wohnungen hier?

Also, ich meine, die Heime, die sie da haben, wo sie drinne wohnen, da könnten sie ja auch Neubauten mit bauen statt die Heime, da wär's geklärt, das Wohnungsbauprogramm.

Frau, etwa 50

Können Sie sich die Zukunft der DDR ohne Ausländer vorstellen?

Also, vorstellen kann ich mir's nicht, aber ich will mal sagen, es wäre ja nicht verkehrt!

Wenn die Ausländer zurückgehen in ihre Länder?

Einmal das. Ich meine, dort werden sicher auch welche gebraucht, nich'? Arbeitskräfte, in den einzelnen Ländern, nich'? Also ich meine, hier sind ja sehr viele zur Ausbildung. Also wenn man das so betrachtet, nich'? Also die werden ja dann alle wieder zurückgehen.

Meinen Sie, daß die die Ausbildungsplätze wegnehmen für die Jugendlichen?

Nein, das nicht. Also das glaube ich nicht.

Und denken Sie, daß ihre Lebensweise anders ist als die der Deutschen und daß es deswegen Probleme gibt?

Freilich, 'ne Umstellung wird das dann schon für die, nich'? Wenn die wieder zurückgehen, ich will mal sagen, in manchen Sachen werden sie vielleicht nicht einverstanden sein, weil sie's vielleicht hier besser hatten, gerade diese unterentwickelten Länder, will ich mal sagen, nich'? Denn die müssen ja das erst schließlich alles wieder aufbauen, und deswegen sind sie, schätze ich, zur Ausbildung hier. Damit sie dann diese Länder wieder neu aufbauen können.

Mann, Mitte 50

Was halten Sie von den Ausländern in der DDR? Können Sie damit leben, daß die hier arbeiten und leben?

Na klar, warum denn nicht? Bei uns im Betrieb haben wir sowieso keine.

Aber so in den Straßen sieht man die ja des öfteren?

Na ja, das tut uns doch nichts.

Es gab jetzt Maßnahmen von der Regierung, um dem Abkauf von bestimmten Gütern vorzubeugen. Finden Sie das gerechtfertigt?

Na, geschoben haben sie ganz schön. Ja, von Westberlin und so.

Wer? Welche Ausländer?

Na welche? Das waren doch die ..., ich weiß nicht ... Die sind mit Wartburg und Hänger hingefahren und haben sich 'n »dickes« Auto gekauft für das, was sie verkauft haben, aber das geht ja nun nicht mehr, nicht?

Finden Sie das nicht vielleicht diskriminierend, daß die Leute kontrolliert werden?

Ich weiß ja gar nicht, was man dazu sagt.

Na, es könnte ja sein, vielleicht sind Sie auch schon kontrolliert worden?

Nein.

Frau, etwa 30

Können Sie sich die Zukunft der DDR mit Ausländern vorstellen?

Sicher doch, ich denk's.

Was halten Sie von den Maßnahmen der Regierung, um den Binnenmarkt zu schützen vor ausländischen Spekulanten? Finden Sie die gerechtfertigt?

Na ja, ich würde sagen, man kann das nicht verallgemeinern. Es sind einige gewesen, und viele schließen natürlich auf die Mehrheit. Aber es gibt viele, die hier arbeiten und leben und trotzdem keine Spekulanten sind.

Finden Sie das diskriminierend, daß die ihre Ausweise vorzeigen müssen?

Also, ich hab's selber noch nicht erlebt. Ich kann mir kein Urteil darüber erlauben. Sicherlich werden es diejenigen so empfinden.

Frau, Ende 40

Können Sie sich die Zukunft der DDR ohne Ausländer vorstellen?

Na, es wird wahrscheinlich nicht gehen aufgrund der Arbeitskräftesituation.

Und würden Sie das wünschen, daß die Ausländer zurückgehen, die hier arbeiten?

Ach na ja, es kommt darauf an, ich meine, wir haben im Betrieb selber welche.

Was haben Sie für Ausländer?

Na, wir haben Vietnamesen da ... ja, zum Großteil doch. Manche arbeiten sehr gut, manche ... da ist man nicht so zufrieden. Und da würd' ich sagen: dann eine Auswahl! Also von den gut Arbeitenden ... Die gut Arbeitenden, warum sollen die nicht bleiben?

Meinen Sie, daß die vielleicht erst eine Probezeit machen sollten?

Ja, auf alle Fälle.

Und daß die zurückgehen sollten, die nicht so gut arbeiten.

Genau.

Und wie ist das so im Straßenbild? Es gibt ja nun verschiedene Ausländer hier in Bautzen.

Das stört mich im Prinzip weniger.

Mann, etwa 30

Können Sie sich die Zukunft der DDR ohne Ausländer vorstellen?

Nein, auf keinen Fall.

Sollen die hier arbeiten oder auch leben oder nur Urlaub machen?

Na, Urlaub machen, würd' ich sagen, nicht?

Und arbeiten nicht?

Na ja, zum Teil. Wo's nötig ist. Wo gearbeitet wird, da braucht man ja auch Ausländer, ist doch normal.

Wissen Sie, daß Vietnamesen nach 5 Jahren, die sie hier gearbeitet haben, unter anderem ein Fahrrad, ein Moped und zwei Nähmaschinen nach Hause mitnehmen dürfen?

Ja, das weiß ich ...

Und was halten Sie davon? Finden Sie, daß das zuviel ist?

... na, mehr Fahrräder, jährlich zwei. In 5 Jahren sind das 10 Fahrräder! Ich weiß nicht, ob die so große Familien haben oder was. Also, dann werden sie sie doch letzten Endes verkaufen. Und werden sie nicht für sich gebrauchen.

Ist das legitim, was meinen Sie?

Na ja, Sie müssen mal in den Fahrradladen gehen. Ob Sie eins zu kaufen kriegen.

Der ist leer, ja?

Ja. Ersatzteile genauso. Alles.

Also, das ist insofern nicht legitim.

Nein, würd' ich nicht sagen, solange es fehlt!

Also Sie meinen, wenn es genügend gibt ...

Ja, dann sollen sie kaufen, dann ist es ja unser Geschäft, aber solange es fehlt ...

Mädchen, etwa 14

Kannst Du Dir die Zukunft der DDR mit Ausländern vorstellen?

Vom mir aus können die alle raus.

Wieso?

Na, ich erlebe die immer im PA-Unterricht. Da arbeiten die nicht richtig, machen laufend Pause und dann albern die rum.

Was sind das für Ausländer?

Vietnamesen.

Und wie ist das mit den Polen?

Auf die bin ich überhaupt nicht gut zu sprechen.

Warum das?

Na, wenn man von Arbeit kommt, und die Eltern erzählen das auch, die kaufen alles weg und unsere Läden sind leer.

Findest Du das gut, daß die kontrolliert werden, daß die ihre Ausweise vorzeigen müssen?

Na ja, irgendwie muß man die ja kontrollieren. Aber so gut ist das wohl auch nicht.

Frau, Anfang 30

Was meinen Sie, sollten die Ausländer hierbleiben oder zurück?

Ich denke, die sollten zurück, aber es müssen ja nicht alle sein ...

Wer könnte denn hierbleiben?

Na, die deutschen ...

Die deutschen Ausländer?

Na ja, ich meine, die weißen ...

Also, mit heller Hautfarbe?

Ja, die Afrikaner sollten zurück.

Warum die?

Na ja, die haben eine andere Mentalität.

Haben Sie schlechte Erfahrungen gemacht?

Wenn ich zum Beispiel mit dem Kinderwagen fahre, da kommen die und belästigen mich.

Wie belästigen die Sie?

Na, die stellen sich alle um den Kinderwagen rum und sprechen mich an.

Und die anderen Ausländer, die könnten also bleiben?

Ja, die Vietnamesen und so, ja.

Anja Thiemann, 4. Studienjahr, Ethnographie, Sektion Geschichte der Humboldt-Universität zu Berlin, befragte am 27. Dezember 1989 Straßenpassanten in Bautzen.

Wo fängt das Ausland an?

Findet Ihr es gut, daß Ausländer hier sind in der DDR, daß sie hier arbeiten oder studieren? Daß andere Nationalitäten zu sehen sind auf der Straße, in Diskos oder sonstwo?

K.: Ich kann das nicht sagen, ob das gut oder schlecht ist.

J.: Es ist für mich einfach normal, es gehört dazu.

Also es ist überhaupt kein aufsehenerregender Fakt in deinem Leben?

K.: Nein.

J.: Man ist es ja nicht anders gewöhnt.

Also es steht nicht die Alternative, die sollen bleiben oder weg, sondern, man muß mit jedem einzelnen leben können oder nicht?

K.: Ja, genau.

J.: Als ich noch in Glauchau gewohnt habe, da waren viele Kubaner, die dort in Betrieben gearbeitet und auch bei uns in der Nähe gewohnt haben. Ich habe Ausländer kennengelernt von einer Fachschule, an welcher sie studiert haben. Das waren durchweg angenehme Leute, ich habe mich gern mit ihnen unterhalten. Mit den Kubanern hatte ich nichts weiter zu tun. Ich habe sie natürlich auf der Straße gesehen. Manchmal wurde ich »angemacht«, da bin ich weitergegangen. Das passiert einem ja bei Deutschen auch, das war kein Grund, von *den* Ausländern zu sprechen.

Und wenn Du gehört hast, daß Ausländer Schlägereien oder Messerstechereien angefangen haben, wie hast Du dann reagiert?

K.: Ich hab' mir immer gesagt, daß das nicht von der Nationalität abhängig ist. Und deswegen kann man da jetzt nicht sagen: Alle Kubaner sind schlecht! Und alle Kubaner sind doof! Natürlich, wenn mir nachts auf der Straße welche begegnet sind, dann wurde ich schon vorsichtig, nicht? Da war doch irgendeine Angst in mir drin, aber ich habe immer versucht, das nicht nach außen kommen zu lassen. Und ich hab' mir dann gesagt, bei Deutschen könnte es mir genauso gehen.

J.: So direkten Kontakt habe ich eigentlich gar nicht mit Ausländern. Wenn ich früher abends spät, nach Konzerten, vom Tierpark kam, sind mir häufig am U-Bahnhof Schwarzhäutige begegnet, die mich dann auch öfter belästigt haben.

Wie belästigt?

J.: Na angesprochen: »Komm doch mit zu mir, ich zeige dir interessante Sachen aus meinem Land!« Aber auch wenn ich gesagt habe, daß ich kein Interesse habe, dann haben sie mich trotzdem nicht in Ruhe gelassen. Das ist der Unterschied, wenn du von Unseren »angemacht« wirst.

K.: Oh, das finde ich eigentlich gar nicht. Da habe ich genau schon erlebt, daß sie dann ...

J.: Doch, du kannst dann drastisch sagen: »Eh, laß' mich in Ruhe!« – Und das hilft dann auch.

K.: Also ich habe auch das Gegenteil erlebt.

J.: Na sicher, es gibt auf beiden Seiten Leute, die es nicht kapieren, wenn man seine Ruhe haben will, aber ich habe eben mehr negative Erfahrungen gemacht. Und das hat mich dann schon geärgert. – Sicherlich suchen sie Kontakt, aber ...

Hat sich dann bei Dir die Haltung herausgebildet: »Na, mit denen will ich nichts zu tun haben«?

J.: Nein, eigentlich nicht. – In dem Moment, wenn sie mich »angemacht« haben, da wollte ich natürlich nichts mit ihnen zu tun haben. Aber wenn mich einer ganz normal nach dem Weg gefragt hat oder nach einer Station, da habe ich ihm das natürlich gesagt, klar!

Auf Arbeit bei Euch? Wer kommt da?

J.: Na, da kommt eigentlich alles, gerade auf dem Alex. Da hast du Franzosen, da hast du Engländer, Amerikaner, Westdeutsche ..., du hast natürlich auch Polen, Russen, usw., du hast wirklich alles da. Das macht eigentlich Spaß! Bringt 'n bißchen Farbe in die Arbeit.

Gibt's da angenehme Leute?

J.: Ja. Es gibt auch angenehme.

Franzosen sind besonders charmant?

K.: Du mit Deinen Klischeevorstellungen!

J.: Die machen aber wirklich einen netten Eindruck, schon durch ihre Uniformen.

Wie ist das mit den anderen Ausländern?

J.: Na, bei Sowjetbürgern hab' ich echt belastende Verhaltensweisen im Laden festgestellt.

Was für welche?

J.: Im Gewürzladen zum Beispiel hab' ich mal erlebt, daß zwei Frauen sich über den Ladentisch beugten, die Schrankwand aufmachten und die Dekoration auseinanderrissen. Und das ist dann wirklich Dekoration, das hat da drinzubleiben! So was ärgert mich einfach. Bloß, ich hab's eben auch in Brest beobachtet, daß sie in ihren Läden auch nicht anders einkaufen. Dort, wo ich war, standen vor den Kaufhäusern meistens Wühlstände, wo alles in Fächern angeboten wurde. Da sind die Leute drauflosgerast und haben die Sachen durchgewühlt, rausgezerrt, sich gegenseitig aus der Hand gerissen und dann doch nichts gekauft.

Haben die ansonsten irgendwelche Macken?

J.: Sie gucken sehr viel, sind meistens nur Schaukunden. Sie überlegen oft wahnsinnig lange und halten russische Dialoge zwischendurch. – Die sehen immer lustig aus mit ihren dicken Stiefeln und Wollstrumpfhosen.

Und die Polen?

J.: Seit diesen neuen Bestimmungen, daß an Ausländer, die nicht ausweisen können, daß sie in der DDR arbeiten, nichts mehr verkauft wird ...

Kriegen die gar nichts? Seid Ihr belehrt worden, was Ihr nicht verkaufen dürft?

J.: Ja, mündlich. Also verbotene Waren sind: Fleischwaren, Fleischkonserven, Wursterzeugnisse, Obst- und Gemüsekonserven, Butter ...

Brot auch?

J.: Brot nicht. Fisch können sie kaufen und Salate, Suppen und Käse.

Haben Sie irgendwelche Tricks, um an die verbotenen Waren heranzukommen?

J.: Indem sie dir zum Beispiel erzählen, daß der, der den gewissen Ausweis hat, an einem anderen Stand steht, und daß er den jetzt nicht holen könne, und er könne ihn dir ja nachher noch zeigen usw. Oder sie stellen sich nacheinander bei den verschiedenen Käseständen an, um die »handelsüblichen Abgabemengen« von einem Kilo pro Person zu überschreiten. Das machen aber DDR-Bürger auch. Die meisten Ausländer nehmen diese Einschränkungen mit einem Lächeln. Die akzeptieren das wahrscheinlich. Schlecht finde ich, daß nicht alle Verkäuferinnen konsequent sind.

Also manche verkaufen die verbotenen Waren?

J.: Ja, wenn jemand lieb drum bittet oder nur eine Dose haben will ... Also, ich mach's auch, bei Butter. Wenn die Kunden nur ein Stück wollen, dann sag' ich nicht: Zeigen sie mir mal ihren Ausweis! Dann kriegen sie die Butter. Ist ganz klar.

Gab es Aufregungen, vielleicht Proteste gegen die Bestimmungen?

J.: Von Kunden, ja, die mit in der Schlange stehen. Ich habe mehrere alte Männer bemerkt, die sich freuten und richtig gehässig wurden und ausfallend, die dann sagten: »Richtig so, daß die nichts kriegen!«, in so einem ganz fiesen Zischelton.

Auch andere Reaktionen?

J.: Ja, bedrückte Gesichter oft, Frauen, die sich entsetzt ansahen. Es ist ja auch schwierig, zum Beispiel bei einer Verkäuferin, die keine Schokolade verkaufen durfte: Die Mutter, eine Französin, wollte für ihre Kinder eine Tafel Schokolade kaufen. Die Kinder fingen an zu weinen, und die Verkäuferin wurde unsicher, dann hat sie auch angefangen zu weinen, und schließlich war da ein Riesen-Chaos nur wegen einer Schokolade. (Kakaoerzeugnisse dürfen auch nicht an Ausländer verkauft werden, die nicht in der DDR arbeiten. – *A. T.*) Das ist irgendwie beschissen, ja.

Meinst Du, daß diese Art von Kontrolle nicht die günstigste ist?

J.: Sie ist schon irgendwie berechtigt. Es ist nicht unbedingt verkehrt, aber eben schwer durchzusetzen.

Und diese Form – wäre es besser, wenn alle kontrolliert würden?

J.: Bloß, warum sollte man die anderen Kunden kontrollieren?

Na, Du weißt doch nicht, es könnte doch ein BRD-Bürger sein oder ein Westberliner. – Also Du findest die Form nicht unpassend?

J.: Na, anders ist es nicht rauszukriegen, wer da was rausschleppt und woanders weiterverkauft für teures Geld, weil's wirklich meistens nicht zum Eigenverzehr ist. Die kaufen dann 10 bis 20 Stück pro Artikel oder 5 bis 10 Salami.

Mit diesen Erfahrungen: Gehen Dir Ausländer auf die Nerven?

J.: Es hängt sowieso oft von deiner momentanen Stimmung ab, ob dir jemand auf die Nerven geht oder nicht. Es ist nicht das Entscheidende, ob der Kunde Ausländer ist oder DDR-Bürger.

Wie ist das im Straßenbild? Die Vietnamesen zum Beispiel, die erlebt man meistens in riesigen Gruppen, die sind ja immer massig auf einem Haufen. Ist das unangenehm für Euch? Oder wie erlebt Ihr andere Ausländer? Gibt es Orte, wo man sie immer wieder trifft?

J.: Ich treffe sie immer in der Straßenbahn, wenn ich vom Alex komme. Sie steigen in der Greifswalder Straße ein, die arbeiten alle bei VEB Treffmodelle. Sind meistens Frauen. Und die finde ich dann schon wieder lustig.

Geht Dir das auf die Nerven, wenn sie alle Sitzplätze belegen und Dir die Beine weh tun nach der Arbeit?

J.: Nein, ich steige ja früher ein, ich sitze dann schon.

Hast Du also einen Vorteil?

J.: Na ja, sonst würde es mich auch nicht ärgern, weil ich weiß, daß die eine viel blödere Arbeit haben.

Was haben die für eine Arbeit?

J.: Na, die sitzen nur am Fließband und nähen immer dieselbe Naht, den ganzen Tag lang.

Und bei Dir, Kathrin?

K.: Was mir in Karl-Marx-Stadt aufgefallen ist und was ich komisch fand: daß dieser ganze Bahnhof von Vietnamesen bevölkert war. Das fand ich merkwürdig, kaum Deutsche, nur Vietnamesen. Und der ganze Zug voller Vietnamesen, da ging's mir auch auf die Nerven, einfach weil die um mich herumstanden und so urst laut und schnell gesprochen haben. Ich war froh, als ich aussteigen konnte.

Denkt Ihr, daß es eine Volksmentalität gibt? Daß sich zum Beispiel die Vietnamesen immer sehr laut unterhalten, daß es zu ihrer Mentalität gehört, und daß die Deutschen doch eigentlich viel ruhiger sind, gesetzter usw.?

K.: Ich denk' zum Beispiel, daß die Araber sehr temperamentvoll sind.

Und andere?

J.: Schwer zu sagen. Das merkt man meistens nur, wenn sie in größeren Gruppen auftreten. Also, wenn einer alleine zwischen vielen Deutschen steht, dann benimmt er sich einfach nicht, also dann passiert gar nichts speziell Ausländisches.

Was würdet Ihr einem Ausländer sagen, wenn Ihr im Ausland seid und der fragt Euch: »Na, wie sind denn so die DDR-Bürger?« Was würde Euch Besonderes einfallen?

K.: Das kann ich nicht sagen. – Ich könnte ihm nur erzählen von meinen eigenen Erfahrungen, die ich hier gemacht habe. Ich wüßte auch nicht, was ich da sagen sollte, was jetzt für alle DDR-Bürger einheitlich ist oder was *das* Merkmal ist.

Fühlt Ihr eine besondere Identität gegenüber Ausländern? Beispielsweise gegenüber Italienern? Die Italiener sind doch sehr feurig?

K.: Na, das würd' ich eben nicht so allgemein fassen. Ich kenne auch viele feurige Deutsche ...

J.: Also, ich kenne keinen feurigen Italiener, aber ich kenne mindestens fünf feurige Deutsche.

K.: Und ich würde denken, daß es auch ganz ruhige Italiener gibt. Also solche Begriffe will ich nicht pauschalisieren.

Und habt Ihr eine besondere Identität gegenüber BRD-Bürgern oder Westberlinern?

K.: Sie kommen mir offener vor und kontaktfreudiger. Aber ich bin mir eigentlich bewußt, daß das sicher ein sehr oberflächlicher Eindruck ist, den ich bisher habe. Ich denke mir, wenn ich mehr Leute kennenlerne, daß sich dieser Eindruck wieder verwischt.

Wäre eine Internationalisierung ein Verlust für die deutsche Kultur beziehungsweise für den Erhalt der deutschen Kultur und Lebensweise?

K.: Ich glaube nicht, daß sich die Lebensweise so schnell ändern würde, und wenn, dann sicher nicht zum Negativen.

Meint Ihr, daß die Toleranz zunehmen könnte, sollte, müßte?

J.: Na, wenn sich die Kleinbürger einfach nicht mehr verstecken können wie bisher und öfter auf der Straße mit neuen Umgangsformen, mit anderer Kleidung, überhaupt mit Ausländern konfrontiert werden ... Die Auseinandersetzung wäre einfach offensiver, durch die Anwesenheit schon mal.

Und wenn im europäischen Haus eine europäische Kultur entstünde, würdet Ihr eine solche Entwicklung als Verlust der deutschen Kultur empfinden?

K.: Also als Verlust würde ich es nicht empfinden. Ich kann mir das schon vorstellen – europäische Kultur. Aber warum soll es dann keine deutsche Kultur mehr geben? Ich finde es gut, wenn die Einflüsse breiter werden. Das bringt doch gerade für die Kunst, aber nicht nur für sie, eine größere Wirksamkeit. Der Vergleich der Kulturen wäre naheliegend. Und das fördert die Toleranz, denke ich.

Protokoll eines Gesprächs, das Anja Thiemann am 31. Dezember 1989 mit Kathrin H., 22 Jahre, Buchhändlerin, und Janet P., 19 Jahre, Verkäuferin, führte.

Wenn ich im Ausland lebe, muß ich damit rechnen ...

Zu Besuch bei Familie D. Frau D. ist Theologin. Ihr Mann begann nach einem abgeschlossenen Jurastudium in der DDR als Wirtschaftsjurist zu arbeiten. Sie sind seit 1981 verheiratet und haben zwei Kinder. Nur in einem Punkt unterscheidet sich Familie D. von den meisten Familien in der DDR: Herr D. ist kein Deutscher, er kommt aus Vietnam. Sie berichten mir vom Alltag und den Problemen einer sogenannten Mischehe in der DDR.

Die Übersiedelung

Herr D. kam 1974 in die DDR: »Meine Gesundheit war nicht mehr gut durch die Armee. Da haben sie mir gesagt, daß ich entweder nach Hause gehen muß oder auch studieren kann. Und in Vietnam muß man Prüfungen machen, wenn man studieren möchte. Und ich habe sehr gute Noten gekriegt. Da hat man mich gefragt, ob ich im Ausland studieren möchte. Ich hab ›ja‹ gesagt, weil ich in der Kindheit viele Bücher übers Ausland gelesen habe, über Deutschland usw. Also hab' ich zugestimmt.«

Frau D. erinnert sich: »Da war noch praktisch das geltende Kriegsrecht. Er ist '74 hergekommen, da war ja noch Krieg. Und er mußte unterschreiben, daß sie keine langen Haare haben, keine Freundin, daß sie nur zu zweit zu Deutschen gehen ... Na ja, als meine Eltern dann merkten, daß es bei uns ernst ist, haben sie natürlich erst mal 'n Riesenschreck gekriegt. Sie wußten ja, daß er hier keine Freundin haben darf. Also mußten wir uns immer irgendwie heimlich treffen, denn wenn das die Botschaft rausgekriegt hätte, wäre er sofort nach Hause gefahren.« – »... geschickt worden!« verbessert sie ihr Mann.

»Es war 'ne ganz schöne Nervensache. Also, vor Deutschen brauchten wir uns nicht in acht zu nehmen. Bloß wenn irgendwo ein Vietnamese die Straße entlangkam, haben wir uns erstmal getrennt und sind getrennt die Straße entlanggegangen. Damals waren ja noch nicht so viele hier, da ging das noch ...«

»Fünfeinhalb Jahre haben wir gekämpft, bis wir die Heiratsgenehmigung bekamen. Wir lebten immer – wie sagt man – in Unsicherheit, Sorge und Angst. Fünfeinhalb Jahre lang!«

Frau D. ergänzt: »Das war, als bei uns dieses Ausländerheiratsgesetz herausgekommen ist. Und danach bekamen alle, die vorher einen Antrag hatten, innerhalb von einem halben Jahr ihre Heirat genehmigt. Jetzt muß man einen Antrag bei der Botschaft stellen und hier bei unseren Behörden. Und bei der Botschaft muß man die Ausbildung zurückzahlen, aber in DDR-Geld. Das sind bei Studenten 22 000 Mark, bei Lehrlingen 12 000 Mark und bei ungelernten Arbeitern 8 000 Mark.«

Herr D. meint dazu: »In unserer Sache muß ich sagen, von seiten der DDR hatten sie nichts dagegen, daß wir heiraten. Aber von seiten der Botschaft haben sie Schwierigkeiten gemacht. Und es ist nur bedauerlich, daß die VP-Genossen mitgemacht haben.«

»Also, hätte die Botschaft gefordert ausreisen, dann hätten sie ausgewiesen. Ohne zu fragen, ob das nun berechtigt ist oder nicht.«

Ich frage: »Und jetzt ist Ihr Aufenthaltsrecht hier gesichert?«

»Na ja, die Ehe kann geschieden werden. Also, sie kann für ungültig erklärt werden. Im Abkommen mit Vietnam und im noch geltenden Ausländerheiratsabkommen steht drin, daß das möglich ist, aber es sind keine Bedingungen angegeben. Also für mich ist das immer ein Unsicherheitsfaktor. Wenn einer auf die Idee kommt, kann die ganze Ehe für ungültig erklärt werden. Ich meine theoretisch, praktisch ist es noch nicht vorgekommen. Von Kuba hab' ich es zwar schon gehört, aber noch nicht von Vietnam.«

Herr D. hofft: »Ich meine, solange man anständig lebt und arbeitet ...«

»Na ja, aber man weiß nie, was kommt. Ich meine, es ist doch alles so unsicher im Moment, 'ne richtige Sicherheit hat man von daher nicht.«

Die Reaktionen von Freunden, Bekannten oder fremden Menschen auf das Zusammenleben von Herrn und Frau D. sind recht unterschiedlich.

»Nun, wir haben lange gekämpft, und die Freunde und Arbeitskollegen haben sich riesig gefreut, als es endlich soweit war. Wir hatten ja schon Kinder ...«

Aber Frau D. muß auch weniger Erfreuliches berichten: »Einmal bin ich auf der Straße beleidigt worden. Da hat ein Bauarbeiter hinter mir hergeschrien, als ich meinen kleinen Sohn zur Krippe brachte. Er hat die ganze Zeit hinter mir hergerufen: »Na, du kleines Negermädchen, suchst woll'n neuen Papa ...« Immer so in der Art, ja. Da hab' ich mich schrecklich aufgeregt. Ich bin erstmal nach Hause, hab' den Jungen weggebracht und mir gleich den Artikel aus dem Strafgesetzbuch rausgesucht. Ich bin dann noch mal hin, hab' den auch noch wiedergetroffen und ihm den Artikel unter die Nase gehalten. Wollte nur, daß er sich entschuldigt. Der hat dann aber kein Wort mehr gesagt und die Kollegen auch nicht. Ich wollte eigentlich bloß erreichen, daß sie im Arbeitskollektiv darüber mal 'ne Aussprache machen. Dann bin ich zur Polizei gegangen und wollte eine Anzeige erstatten. Die haben sie dann aber nicht angenommen. Sie haben gesagt, daß das keine Beleidigung wäre. Wenn der gesagt hätte »du Hure« oder so, ja, aber das wäre keine Beleidigung gewesen. Ich könnte mich beim Staatsanwalt beschweren über den Polizisten. Das hab' ich dann aber doch nicht gemacht, einen Schrecken hatte ich dem ja eingejagt, und das macht ja auch alles Arbeit ...«

Die Arbeit

»Als Ausländer einen neuen Arbeitsplatz zu suchen ist schwierig. Weil ich Jurist bin, da hat man Vorurteile: ›Der ist Ausländer, der kann kein Deutsch ...‹ Als ich nach Pankow kam, haben sie mich getestet. Na ja, sie haben mit mir über Politik geredet. Man muß Vertrauen gewinnen, aber das ist nicht nur bei Ausländern so.«

»Das Problem aber ist, daß bei den Juristen viele Berufe an der Staatsbürgerschaft hängen, wie Rechtsanwalt, Staatsanwalt usw. Er müßte die Staatsbürgerschaft wechseln, und das ist ja sowieso nicht leicht. Damals haben wir dann auch selber gesucht, eine Stelle als Dolmetscher oder so etwas. Das hat dann aber alles nicht geklappt. Dann war er auf dem Amt für Arbeit in Pankow, und innerhalb von zwei Tagen hatte er die Arbeit.«

Herr D. erzählt weiter: »Zuerst als Sachbearbeiter für Verträge. Nachher war ich Leiter für Vertragswesen. Mit den Kollegen habe ich keine Probleme. Und hier im Prenzlauer Berg auch nicht. Ich meine, wenn ein Ausländer kommt, unterschätzen die ihn sowieso immer. Aber es ist doch eine Ausnahme, wenn sie hochnäsig sind, wenn sie sagen ›Vietnamesen sind schlechte Leute‹. Wenn wir miteinander reden, ist das nicht mehr so.«

»Das ist das Wichtigste überhaupt, daß man miteinander in Kontakt kommt. Wenn man sich kennt, dann spielen Hautfarbe und Akzent keine Rolle mehr.«

»Es fehlt den DDR-Bürgern vor allem an Informationen, zum Beispiel fragen sie immer, ob die Vietnamesen zwangsweise hierherkommen und ob sie höheren Lohn bekommen.«

»Die anderen Vietnamesen haben kaum Kontakt zu DDR-Bürgern. Sie sprechen eben auch meist sehr schlecht deutsch, haben oft kein Interesse daran, weil sie eben nur untereinander sind und auch nur an zu Hause denken. Mir fällt auf, die so achtzehn Jahre alt sind, frisch von der Schule kommen, die sind offen fürs Land. Und die Älteren, die denken eben nur an zu Hause und nehmen das alles hier so in Kauf. Das Problem ist, daß sie nicht frei ihren Arbeitsplatz suchen können. Sie kommen eben in die Betriebe, wo es nötig ist, wo Arbeitskräfte fehlen. Und die Arbeitskräfte fehlen, weil entweder zuwenig verdient oder in drei Schichten gearbeitet wird oder beides zusammen. Das sind eben solche Betriebe, wo kein anderer arbeiten will, weil die Bedingungen zu schlecht sind.«

Der Rechtsschutz

Herr D. berichtet: »Von der Gewerkschaft bin ich enttäuscht. Vor 2 Jahren hat zum Beispiel ein Betrieb einen Vietnamesen nach Hause geschickt, ohne ein Verfahren einzuleiten. Und ich habe der Gewerkschaft geschrieben. War auch persönlich im Gewerkschaftsvorstand vom Kreis Prenzlauer Berg gewesen. Aber sie haben gesagt, wir stimmen im nachhinein zu, daß man ihn nach Hause geschickt hat. Ich habe geschrieben, daß man ein Verfahren einleiten muß, und wenn der Kollege schuld hat, dann wird er auch zur Verantwortung gezogen. Wir verlangen keine Privilegien, aber korrekt behandelt als Gewerkschaftsmitglieder wollen wir sein. Seitdem bin ich enttäuscht von der Gewerkschaft. Die Gewerkschaftsleute, meine Landsleute als Gruppenleiter, Dolmetscher haben bestimmte Privilegien, daß sie ihre Familienangehörigen einladen und besuchen können. Und so sind sie eben – wie sagt man – nicht mehr interessiert, die Interessen meiner werktätigen Landsleute zu verteidigen, weil sie gute Beziehungen mit dem Betriebsleiter, Heimleiter usw. pflegen möchten.«

Einkaufsmöglichkeiten

Herr D.: »Ich ärgere mich auch ab und zu, manchmal verlangen sie den Ausweis und manchmal nicht. Aber was nützt das, wenn ich den Ausweis zeige, und man bekommt es dann doch nicht. Ich war mit meiner Brigade zum Beispiel in Cottbus und wollte eine Schachtel Zigaretten kaufen. Als ich reinkam, ist die Verkäuferin einfach abgehauen. Ich sagte, daß ich eine Schachtel Cabinet möchte und Streichhölzer. Ich wartete lange Zeit, bis sie wiederkam und mir eine Schachtel Zigaretten hinwarf. Ich sagte, daß ich aber noch Streichhölzer möchte. Wieder dasselbe. Ich bezahlte und fragte, ob sie noch einen Schwarzweiß-Film hat, den ich für meine Brigade brauchte. Da rief sie: ›Äh!‹, also in ganz schlechtem Ton. Ich sagte: ›Ich verstehe nicht, was für ein Verhalten das ist?‹ Da sagte sie: ›Geht mal woanders hin schnattern, und nicht hier.‹«

Frau D.: »Na ja, insgesamt ist der Zoll das Hauptproblem. Daß wir uns verpflichtet fühlen, unsere Verwandten zu unterstützen. Sie wohnen in Mittelvietnam, das ist die ärmste Gegend. Also wenn Unwetter ist, Taifune und Überschwemmungen, da ist das immer! Wenn wir mal was schicken, ist es schwer genug, überhaupt etwas zu kriegen, was sie gebrauchen können. Einmal von den Temperaturen her, und praktisch sind es nur Kindersachen, die ihnen da passen. Alles Sachen, die man nicht schicken darf. Und dann muß es eben auch etwas sein, was sich vom Transport her lohnt. Manche, die hier waren, schämen sich, manches zu erzählen. Und verstärken noch dieses Bild, daß es hier für uns der ›Goldene Westen‹ wäre. Man hat immer ein schlechtes Gewissen, einerseits ihnen und andererseits unserem Zoll gegenüber. Für ihn, mich und für alle DDR-Bürger gilt, daß wir im Jahr 12 Pakete im Wert bis zu 100 Mark schicken dürfen. Aber im Paket dürfen nur Textilien im Wert bis zu 60 Mark sein und alles andere nach den üblichen Ausfuhrverboten, so daß man praktisch überhaupt nichts schicken kann. Als er noch Student war, war das kein Problem. Da haben sie das einfach nicht angewendet. Und damals war auch noch die Grenze zu China offen. Da konnte man alles per Bahn schicken, es war nicht so teuer. Jetzt muß alles per Luftpost gehen oder per Schiff – da dauert es ein halbes Jahr. Das hat die Sache unheimlich verteuert. Es wäre zu überlegen, ob man nicht so eine Art Genex-Firma einrichtet, daß man hier mit unserem Geld bezahlt und daß die Verwandten das dann kriegen. Oder daß man Kinderbekleidung ohne Subventionen kaufen kann, vielleicht in einem extra Laden. Oder für die Arbeiter: Daß die Betriebe dafür sorgen, daß sie mit den IFA-Werken einen Vertrag abschließen, so daß es eben nicht diesen Schwarzhandel gibt.«

Wahlen

Zur Frage des Ausländerwahlrechts meint Herr D.: »Das ist eine formelle Sache. Die Ausländer wußten überhaupt nichts. Sie haben einen Zettel reingeworfen, das war alles. Ich meine, durch diese Art und Weise der Wahl hat sich die DDR sehr blamiert, auch bei meinen Landsleuten. Bisher war es ja nicht so wichtig, wen man wählte, es war ja vorher schon entschieden, meine ich.«

Offene Feindseligkeit gegenüber Ausländern

»Mir ist sonst nichts passiert, abgesehen davon, daß sie mich auf der Straße Buschneger schimpfen oder Chinese. Das hat mich auch geärgert. Aber was soll ich machen, soll ich weinen? Wenn ich im Ausland lebe, muß ich damit rechnen ...«

Familie D. berichtet von Fällen in ihrem Bekanntenkreis: »Jetzt ist bei Arbeitern was vorgekommen, daß da auch welche im Wohnheim zusammengeschlagen wurden. Ich habe es mit Schrecken gehört von Moçambiquern, hier in Pankow. Die wohnten hier im Wohnheim in der Gellertstraße. Die haben sehr viel mit Beschimpfungen zu tun gehabt. Sie werden dann gefragt: Was wollt ihr denn hier überhaupt, warum seid ihr denn hier? Und auf der Straße wird ihnen irgendwas Schlechtes hinterhergerufen. Und vor allem kommen sie nicht in Gaststätten rein.«

»Das hat ein Vietnamese in Hohenschönhausen erzählt, der Gruppenleiter. Daß ein Arbeiter, der gerade zwei Monate in der DDR ist, von einem DDR-Bürger grundlos geschlagen wurde. Der Vietnamese wußte nicht, was los war, und als er blutend auf den Boden fiel, haben ihn die Jugendlichen ausgelacht und sind abgehauen. Die anderen berichten, wenn sie auf dem Bahnhof Lichtenberg sind oder am Alexanderplatz, dann rufen immer Jugendliche: ›Ausländer raus!‹ usw. Seit die Grenze auf ist, ist das bemerkbar. Von Dresden haben uns Freunde erzählt, auch Arbeiter, daß schlagartig die Stimmung im Betrieb umgeschlagen ist. Sie sind schlagartig unfreundlich geworden, seitdem die Grenze auf ist. Vielleicht, weil sich die Deutschen jetzt als ein bißchen mehr vorkommen. Und die Zeitungen haben dabei auch eine große Rolle gespielt.«

»Wir hatten 'ne kleine Arbeitsgruppe von interessierten Leuten in Ahrensfelde. Und wir stellten den Antrag, in den Kulturbund aufgenommen zu werden, weil wir es nicht für günstig halten, daß die Kirche so etwas macht. Die Vietnamesen sind ja zum größten Teil keine Christen und gegenüber der Kirche sehr reserviert. Und wir dachten, die Interessengruppe kann sich als Untergruppe in der gesamten DDR ausbreiten. Das ist aber abgelehnt worden. Es wurde gesagt, daß die Vietnamesen selbstverständlich alle Kulturbundveranstaltungen besuchen können. Dann haben sie noch auf einen Klub in Karl-Marx-Stadt hingewiesen, wo Exilchilenen sich engagieren. Der Berliner Chef vom Kulturbund sagte mir, daß sie schon vierzig Untergruppen hätten, und mehr sollten es nicht werden. Und zu den Kulturbundveranstaltungen kämen die Vietnamesen sowieso nicht. Daß wir aber aus genau diesem Grund etwas anderes wollen, nur für sie, das wurde nicht akzeptiert.«

Das Gespräch führte Andrea Finger, 2. Studienjahr, Ethnographie, Sektion Geschichte, Humboldt-Universität zu Berlin.

Wo man sagen kann: Hier bin ich zu Hause

Herr Berger, für viele scheint die Ausländerproblematik jetzt aktuell zu werden. Das Ökumenisch-Missionarische Zentrum, die Berliner Missionsgesellschaft arbeiten schon längere Zeit auf diesem Feld. Wann und wie kamen Sie dazu, sich mit diesem Problem zu beschäftigen?

Ich beschäftige mich mit Ausländerfragen seit 1978. Damals war ich zu einer großen internationalen Konferenz in Kenia, und dort fragte ein algerischer Bischof kritisch an, was wir denn mit seinen Algeriern täten. Ich wußte gar nicht, daß Algerier in der DDR waren, fühlte mich maßlos blamiert, zumal er meinte, wir als evangelische Kirche (und damit die größte in der DDR) müßten uns doch der Probleme der Menschen annehmen. Schließlich seien 18 000 Algerier bei uns im Lande.

Nach Hause gekommen. begann ich, mich mit diesen Fragen zu beschäftigen. Daraus haben sich in den letzten zehn Jahren eine ziemlich spezielle Erfahrung und damit spezielle Aufgaben entwickelt. Seitdem ich Direktor des ÖMZ bin (1985), haben wir die damals schon vorhandene Ausländerarbeit des Hauses als einen Schwerpunkt ausgebaut. So sind wir jetzt eine Art Koordinationsstelle für die kirchliche Ausländerarbeit in der DDR. Diese zehnjährige Erfahrung ist auch eine Erfahrung aus einer Zeit, in der man in der Öffentlichkeit die Ausländerproblematik überhaupt noch nicht entdeckt hatte. Selbst im kommunalen Bereich, wenn Ausländerprobleme auftauchten, durfte man darüber nicht reden. Ich erinnere mich noch meiner ersten Versuche, etwa im Magdeburger Raum, öffentlich über Ausländerprobleme zu reden. Öffentlich hieß, wenigstens in der Kirchenzeitung etwas zu drukken. Das gelang damals nicht. Noch im Jahre 1989 bin ich dafür angeschwärzt worden, gesagt zu haben, daß die Ausländerfeindlichkeit in der DDR sich bei einer eventuellen Wahl in Hinblick auf die Republikaner mit mehr als elf Prozent niederschlagen dürfte. Das war im Februar 1989, und ich denke, die jetzige Diskussion zeigt, daß das nicht so verkehrt war. Insgesamt bin ich eigentlich froh, daß auch das Stück Stellvertreterrolle, das einige Enthusiasten innerhalb der Kirche für die gesellschaftliche Diskussion wahrgenommen haben, nun wieder dahin zurückkehrt, wo es hingehört: als Problem der Gesamtgesellschaft. Wobei man sagen muß, daß jetzt viele Stimmen laut werden, die nur aus einer aktuellen Situation heraus sich zu Wort melden, ohne auf dem Hintergrund einer längerfristigen Erfahrung die Differenzierung des Problems zu sehen. Sehr schnell werden jetzt auch sehr einseitige Forderungen erhoben, Kritiken geäußert, die man differenzierter aushandeln müßte. Zum Beispiel wird immer wieder gesagt, die Ghettoisierung unserer moçambiquischen und vietnamesischen Werktätigen sei ein Grund für Ausländerfeindlichkeit, und es wird gefordert, diese Wohnblöcke aufzuheben. Sicher liegt in der Ghettoisierung einer unter vielen Anlässen für Ausländerfeindlichkeit. Aber als wir unseren Forderungskatalog öffentlich mit Ausländern diskutierten, fand diese Forderung unter Moçambiquern keine einhellige Gegenliebe. Sie wollen nämlich durchaus in einer Gemeinschaft ihrer Landsleute wohnen können, dort nach ihrem Gusto kochen, leben, tanzen, singen können und würden sich stark eingeengt fühlen, wenn sie in lauter Zwei- oder Dreizimmerwohnungen irgendwo unter Deutschen leben müßten. Es gäbe sicher auch Vorteile, auf jeden Fall muß man an diese Dinge behutsamer und differenzierter herangehen, als dies im Augenblick geschieht. Vor allem *mit* den Ausländern.

Welche Stellung nehmen dabei Fragen der Religionsausübung ein?

Das ist eine sehr wichtige Frage, weil sie bisher vernachlässigt wurde. Es ist nicht die primäre Frage, aber bisher ist sie ganz bewußt negiert worden. In einzelnen Fällen sind ausländischen Studenten sogar Strafandrohungen ausgesprochen worden, wenn sie einen Gottesdienst abhalten würden. In einigen Arbeiterwohnheimen für Moçambiquer ist gegen einen Gottesdienstbesuch oder Kontakte mit Kirchenvertretern überhaupt agitiert worden.

Ich denke, auch hier muß man sehr differenzieren. Es handelt sich dabei nicht nur um Fragen des christlichen Glaubens, sondern wir müssen lernen, daß wir es mit den *Welt*-Religionen zu tun haben. Darauf sind weder der Staat noch die traditionelle Kirche vorbereitet. Ein Beispiel: Über algerische Arbeiter gibt es eine kolportierte Geschichte, ich halte sie für möglich, wenn sie auch nicht sicher ist. In einem Berliner Werk gab es einen Algerier, der um zwölf Uhr zwischen den Fließbändern seinen Gebetsteppich ausbreitete und Fließband Fließband sein ließ. Für fünf Minuten richtete er sein Gebet gen Mekka aus. Natürlich wirkte sich das negativ auf den Produktionsablauf aus. Es gab großen Ärger, schließlich ist der Mann vom Betrieb wegen »Disziplinarverstößen« verurteilt worden. Es gab niemanden im

Betrieb (auch in seiner Umgebung nicht), mit dem ein Gespräch hätte stattfinden können, daß der Mann seinen religiösen Pflichten nachgekommen ist. Man meinte, er hätte gebummelt. Niemand im Betrieb war auf die Idee gekommen, vor dem Einsatz der Arbeitskräfte mit ihnen zu reden, zu organisieren, daß sie zu ihrem Recht der Religionsausübung kommen. Ein anderes (positives) Beispiel: Ein Betriebsdirektor in Suhl-Heinrichs soll vor dem Einsatz von algerischen Arbeitskräften seiner Kantinenleitung die Anweisung gegeben haben, sich mit arabischer Küche zu beschäftigen. Die Kantinenmannschaft lernte die Speisezettel und die religiösen Vorschriften und richtete sich danach. So wurden daraus resultierend zweierlei Kantinenessen angeboten, und damit ja keine Mißstimmung entsteht, hatte die Betriebsleitung vorher die deutschen Kollegen versammelt und ihnen erklärt, daß die Algerier nicht etwas besseres, sondern nur anderes zu essen bekommen. Während es in dieser Zeit (Ende der 70er/Anfang der 80er Jahre) zum Beispiel in Leuna und in Schönebeck zu mitunter schlimmen Konfliktsituationen zwischen algerischen und deutschen Arbeitern gekommen sein soll, passierte in Suhl-Heinrichs vergleichsweise wenig. Die Algerier fühlten sich angenommen, und die deutschen Arbeiter waren informiert worden, hatten sich also ein wenig mit der Situation ihrer neuen Kollegen beschäftigt.

Dieses Problemfeld betreffend hat uns die Überheblichkeit der Deutschen und der Partei enorm geschadet. Man meinte, entsprechend unserer Auffassung der Trennung von Alltag und Religion, von Staat und Kirche müßte auch für einen Ausländer alles, was religiös sei, abgeblendet werden. Dabei beachtete man nicht, daß zum Beispiel in der arabischen Welt nationale, kulturelle, historische Traditionen und damit Identität überhaupt nicht losgelöst werden können von religiösen Traditionen, auch wenn das Individuum selber nicht mehr allzu stark religiös gebunden ist. (Viele Algerier sagten, in Europa sei ihr Glauben auf Urlaub; dennoch beachteten sie die Speisegesetze.) Als ich in Damaskus mit dem dortigen Großmufti (dem obersten muslimischen Würdenträger der Republik Syrien) ein Gespräch führte, ob denn nicht in der DDR ein Iman als geistlicher Repräsentant und Berater für die hier lebenden Araber eingesetzt werden sollte, hieß es, in den Staatsverträgen sei das nicht vorgesehen. Die Regierung der DDR war der Auffassung, sie könne doch nicht über religiöse Angelegenheiten einen Staatsvertrag machen. Andererseits aber ist die Zulassung einer nichtchristlichen Religion in der DDR eine staatliche Angelegenheit. Als dann El Gaddafi einen Vertrag mit der DDR über libysche Studenten in Leipzig abschloß – sie studierten bei uns auf Dollar-Basis –, drückte er durch, daß in Leipzig ein muslimischer Gebetsraum für die Studenten eingerichtet wird.

Hier ging es eben um Dollars und nicht um Arbeitskräfte. Auf jeden Fall stehen immer die Regierungen beider vertragsabschließender Seiten in der Pflicht, solche Fragen zu berücksichtigen. Unter den Moçambiquern gibt es einen überproportionalen Anteil an Christen, Christen sehr unterschiedlicher Kirchen, mit einem Glaubensleben, einem Bibelverständnis, mit Gottesdienstformen, die uns zum Teil sehr fremd sind. Wir meinten zu Anfang, wir müßten ihnen unser religiöses Leben weitgehend öffnen (z. B. Gottesdienste, die parallel in deutscher und portugiesischer Sprache abgehalten wurden). Was stellt sich heraus? Das wird dankbar angenommen, aber man singt *seine* Lieder, betet in *seiner* Sprache, spricht über intime, innere Gefühle lieber in der eigenen als in einer fremden Sprache. Das bedeutet, es muß ermöglicht werden, in der jeweiligen nationalen Tradition zu leben. Das gilt natürlich über das Religiöse hinaus. Interkulturelles Zusammenleben gilt es zu lernen! Dabei spielt die Bewahrung der religiösen Identität eine sehr große Rolle. Außerordentlich wichtig scheint mir zu sein, daß sich Ausländer selbst organisieren können. Es sollte ermöglicht werden, zu diesem Zweck einzelne aus ihrem Arbeitsvertrag herauszulösen, damit sie sich organisatorischen Aufgaben hauptamtlich widmen können. Durch das öffentliche Auftreten von organisierten Gruppen kann Ausländerfeindlichkeit in nicht unbeträchtlichem Maße abgebaut werden. Ich selbst konnte dies zum Beispiel bei Auftritten eines moçambiquischen Chores erleben. Und es hat einen weiteren Aspekt: die große Glaubwürdigkeitslücke in Sachen Solidarität. Es ist ein Widerspruch, wenn wir einerseits für Solidarität mit Namibia, Südafrika, Moçambique agitieren, und gleichzeitig haben wir Vertreter dieser Länder im Lande, haben also die Möglichkeit zur Solidarität vor der Haustür und nutzen diese nicht. Dann wird die Solidarität unglaubwürdig.

Auf der einen Seite sehe ich größere Chancen für die Sensibilisierung der Bevölkerung, da der Demokratisierungsprozeß eingesetzt hat, andererseits etablieren sich deutsch-nationale Tendenzen. Wie würden Sie den Zusammenhang sehen von Ausländerproblematik und nationaler Frage?

Eine sehr schwierige Frage, und ich denke, man müßte sehr solide soziologische, demoskopische Untersuchungen haben, gerade in der DDR. Dadurch, daß diese Dinge tabuisiert waren – sowohl die Frage der deutschen Einheit als auch die Ausländerfrage –, gibt es in dieser Hinsicht ja keine langsame Entwicklung, sondern im Augenblick eine Eruption von Vorhandenem. Da sind Sehnsüchte nach Wegfall der Mauer, vielleicht nach einem Einheitsstaat und vielleicht auch nach Minimierung von Konflikten. Manche der Ausländerprobleme sehe ich im entstandenen Konfliktpotential bei Wohnungsfragen oder Versorgungsfragen verursacht, die zuerst mit der schlechten Organisation innerhalb der DDR zu tun haben. Im Sündenbockmechanismus macht dann die Bevölkerung Ausländer dafür verantwortlich, wo eigentlich kommunale Organe in die Pflicht zu nehmen wären.

Ausländerfeindlichkeit, wie wir sie haben, besteht aus vielen Komponenten: Das ganz Alltägliche, Normale ist *erstens* die Unkenntnis. Unkenntnis schafft Unsicherheit, Unsicherheit schafft Distanz. Und Distanz führt sehr schnell zu mangelnder Kommunikation. Dieser Mangel wiederum kann schon ausländerfeindliches Verhalten erzeugen. Die neben Moçambiquern zum Beispiel freibleibenden Plätze in der Straßenbahn sind nur eine Erscheinung. Die meisten Deutschen sind dabei eher unsicher als bewußt ausländerfeindlich: ob sie nicht vielleicht stören, wie sie den anderen ansprechen sollen usw. Der andere empfindet das als ausländerfeindlich. Die DDR hat die ausländischen Werkätigen ins Land geholt, ohne auf beiden Seiten für eine ausreichende Vorinformation zu sorgen. Hier haben alle gesellschaftlichen Organisationen versagt. Deshalb müssen wir enorm viel für den pädagogischen Prozeß des Zusammenlebens tun.

Das *zweite* ist: Bei der Einrichtung der von oben nach unten strukturierten Handlungsfelder wurde nicht bedacht, welche Schwierigkeiten damit für die Kommunen verbunden sind, zum Beispiel bei der Wohnungsbeschaffung. Oft ist die Wohnungsfrage für neuankommende ausländische Werktätige auf administrativem Weg gelöst worden, was Mißstimmung unter der ansässigen Bevölkerung erzeugte, da mit ihr nicht vorher darüber geredet wurde. Oder die Probleme der Versorgung mit Reis, die in kleineren Orten wesentlich zum Aufkommen von Ausländerfeindlichkeit beitrugen. Die bürokratischen Kanäle verhinderten eine schnelle Reaktion auf den gesteigerten Bedarf in einzelnen Orten, Mangel an Reis war die Folge, wofür die Ausländer verantwortlich gemacht wurden. Wirklich ist es aber so: Wir als Gesellschaft waren nicht in der Lage, dieses Grundnahrungsmittel (für Moçambiquer und Vietnamesen) in ausreichender Menge bereitzustellen. Mit Fahrrädern ist es ähnlich. Eine wesentliche Ursache ist ebendieses zentralistische Prinzip der Wirtschaftsorganisation, das Administrieren, ohne daß darüber öffentlich verhandelt wird. Von der Rechtsseite bis hin zu Fragen der Organisation ist dies neu zu diskutieren.

Ein *dritter* Aspekt ist meines Erachtens das Weiterwirken von kolonialem und faschistischem Denken. Ein Stück deutscher Überheblichkeit, tradiert über Generationen, existiert noch immer. Formulierungen wie »die Nigger aus'm Busch« zeigen es an. Nahrung bekommt solches Denken dann noch, wenn Moçambiquer zum Teil ja wirklich aus dem Busch kommen, mit einer geringeren Schulbildung. Probleme mit der deutschen Sprache tragen ihr übriges dazu bei, solche Überheblichkeitsgefühle zu bestätigen. Auch faschistoide Denkstrukturen sind vorhanden, wir haben uns mit unserer faschistischen Vergangenheit nicht auseinandergesetzt. Die Öffentlichkeit hat dies unbewußt verstärkt. So wie die ersten Presseveröffentlichungen über die neuen Zoll- und Einkaufsbestimmungen aussahen, mußten sie antipolnische Stimmungen schüren. Zu schnell wird verallgemeinert, wir sind da einfach zu wenig sensibel. Wenn ein promovierter tansanischer Arzt, der schon als Chefarzt einer Klinik in seinem Land tätig war, zur Facharztausbildung in die DDR kommt und hier untergebracht wird wie ein Student (zu zweit in einem Wohnheimzimmer), ist das beredter Ausdruck diskriminierenden Verhaltens. Ein Arzt aus der DDR mit der gleichen Qualifikation würde sich nie so unterbringen lassen.

Ist die Vermutung zutreffend, daß durch die Öffnung der Grenzen und den dadurch ansteigenden Reiseverkehr die Kenntnis vom bisher Fremden wächst und damit Ausländerfeindlichkeit quasi in einem natürlichen Prozeß abgebaut wird?

Das ist ein ambivalenter Prozeß. Mit der größeren Möglichkeit der Begegnung verschiedener Kulturen wird es auch größere Reibungsflächen geben. Die Ausländerfeindlichkeit ist bei uns neu belebt worden durch das Hereinkommen von Ausländern, ein normaler Vorgang. Genauso wird das den Teil der Bevölkerung, der darin einen Gewinn sieht, stärken. Beide Seiten werden anwachsen. Wenn sich beide artikulieren können, ist das in Ordnung. Die Möglichkeit, sich zu organisieren, sollten neofaschistische Tendenzen nicht erhalten. Aber mit dem Verbot allein ist es nicht getan! Man muß die Denkstrukturen angreifen, man kann sie nur angreifen, wenn sie sich äußern. Was man unterdrückt, explodiert irgendwann. Die Chancen zum gegenseitigen Kennenlernen sollte man erhöhen, indem Möglichkeiten zu Studienreisen verstärkt eingerichtet werden. Dies sollte nicht allein dem individuellen Tourismus überlassen werden. Warum sollte es nicht möglich sein, daß Meister, Betreuer, Sprachlehrer für eine Woche in die Herkunftsländer ihrer ausländischen Kollegen fahren und die dortigen Gegebenheiten kennenlernen. Solche Kenntnis ergibt eine Fülle an Rückfragen zu unserem System des Einsatzes von Arbeitskräften.

Gibt es für Sie ein Modell des Zusammenlebens von Ausländern, von wem können wir lernen?

Es gibt kein europäisches Land, in dem nicht auch Ausländerfeindlichkeit anzutreffen ist, am schlimmsten meines Erachtens in Frankreich und in der Bundesrepublik, am wenigsten nach meiner Kenntnis in Schweden und in Holland. Von Holland zum Beispiel kann man lernen, wie durch eine liberale gesellschaftliche Atmosphäre und durch das Engagement von Gruppen vieles abgefangen wird. Wenn es genügend Möglichkeiten gibt, den bei uns lebenden Ausländern Heimatsituationen zu schaffen, Geborgenheit zu erzeugen, Freundschaften zu finden, dann werden Stimmen der Ausländerfeindlichkeit an Schärfe verlieren. Unsere Aktivität sollte sich daran orientieren, wie ein Klima entsteht, wo ein Ausländer sagen kann: Hier bin ich zu Hause. Das müssen nicht der Betrieb oder das Wohnheim sein. Das kann ein Jugendklub sein oder ein Klub wie unsere »Cabana«. Das kann eine Kirchengemeinde sein oder auch eine Basisgruppe. Wichtig ist, daß die interessierten, engagierten Bürger sich auch engagieren können. Der Staat hätte dafür die Rahmenbedingungen zu schaffen.

Welchen Platz wird das Ökumenisch-Missionarische Zentrum in diesem Aufgabenfeld einnehmen?

Derzeit wäre dies meines Erachtens noch die ganze Breite der anstehenden Probleme. Weil zum einen noch die notwendigen staatlichen und gesellschaftlichen Strukturen nicht entwickelt sind und zum anderen, weil wir unsere über zehnjährige Erfahrung angesichts des allgemeinen Erfahrungsdefizits einbringen wollen bei der Ingangsetzung notwendiger Prozesse. Im Augenblick üben wir wie in den vergangenen Jahren die Funktion einer Koordinationsstelle für Ausländerarbeit aus. So wie wir jetzt auf den verschiedensten Ebenen tätig sind (Erfahrungsaustausch, Weiterbildung, Ferienkurse, Konfliktregelung in Einzelfällen, Sozialhilfe, religiöse und theologische Fragen), so werden wir – wenn sich die gesamte Gesellschaft der Probleme angenommen hat – sukzessive uns wieder mehr auf religiöse Probleme von Ausländern konzentrieren.

Pfarrer Christfried Berger ist seit 1985 Direktor des Ökumenisch-Missionarischen Zentrums (Georgenkirchstr. 70, Berlin, 1017). Das Zentrum gibt mit »Nah und Fern« einen Materialdienst heraus und koordiniert die Arbeit der Ausländerklubs, die unter dem Namen »Cabana« in verschiedenen Städten entstanden sind.
Dies ist die gekürzte Fassung eines Gesprächs, das Stefan Mahlke mit dem Befragten am 29. Dezember 1989 führte.

Ausländische Studenten bei Humboldts zu Hause?

An der Humboldt-Universität zu Berlin studieren nahezu 1 200 ausländische Studenten und Aspiranten. Das sind zirka zehn Prozent aller Studierenden an dieser Alma mater. Sie kommen aus über 80 Ländern aller Kontinente. So vielfältig und bunt ihr Aussehen ist, so vielfältig sind auch ihre mitgebrachten Lebensweisen und die damit verbundenen Interessen.

Ein Stück eigenständiger Interessenvertretung hatten die ausländischen Studenten bisher im Internationalen Studentenkomitee (ISK) vorgefunden. Allerdings wurde die Eigenständigkeit dieses Komitees durch zentralistische polit-staatliche Strukturen derart eingeschränkt, daß sich ein Teil der Ausländer nicht mehr vom ISK vertreten sah. Die Einmischung bei ISK-Wahlen und bei der Erarbeitung der Arbeitspläne des ISK war teils so massiv, daß dabei das vorhandene Potential an ausländischer Kreativität auf der Strecke blieb. Dabei war das Anliegen des ISK, die verschieden gerichteten Interessen der Ausländer unter »einen Hut« zu bringen und gegenüber den Universitätsleitungen durchzusetzen, durchaus legitim. Allein, dies Anliegen wurde auf eine Weise ideologisch überlagert, daß die Zielfunktion nur noch in verschwommenen Konturen zu erkennen war. Die in den Prinzipien für die Arbeit des ISK an den Universitäten, Hoch- und Fachschulen plazierten Dogmen zeigten letztlich nur die Angst vor dem, was wir jetzt haben: die Erneuerung der Gesellschaft.

Man konnte beobachten, daß bereits vor dem gesellschaftlichen Umbruch in der DDR ausländische Studenten mit sehr gezielten Fragestellungen ihrer ausgeprägten politischen Sensibilität Ausdruck gaben. Daß es an der Humboldt-Universität und in anderen Studieneinrichtungen nur wenige waren, sollte man nicht ausschließlich mit dem Verantwortungsbewußtsein der Ausländer in Verbindung bringen, sondern, und das sollte man bei einer Analyse des Vergangenen und des Gegenwärtigen nicht aus dem Blickfeld verlieren, für die Ausländer spielten zwei Verhaltensmotive eine große

Rolle: Staatsräson und Loyalität gegenüber dem eigenen und dem Gastgeberland. Gerade dies verhinderte oft die Eigenständigkeit des Handelns des einzelnen Ausländers (zumal er sich in der DDR in einem Land befand, in dem er keine asylrechtlichen Regelungen vorfand).

Ein Extrem solcher Art bedingten Verhaltens war das der nordkoreanischen Studenten in der DDR. Schon vor der Wende war ihr Gruppen- und Individualverhalten, absolut bestimmt von den Verhältnissen im eigenen Lande, durch Selbstisolation gekennzeichnet. Gespräche mit nichtkoreanischen Studenten waren für sie, wenn es sie überhaupt gab, eine Besonderheit und, obgleich belanglos, für sie gefährlich. Was dann nach der Wende mit den nordkoreanischen Kommilitonen geschah, könnte man als zwingend logische Fortsetzung bezeichnen: Mit Tränen in den Augen kam am Mittwochabend (22. November 1989) eine koreanische Studentin zu ihrer südeuropäischen Kommilitonin und erzählte ihr, daß sie jetzt alle zu einem zwanzigtägigen Lehrgang nach Nordkorea zurückberufen würden. Warum aber die Tränen? Die Antwort darauf lieferten am Freitagnachmittag (24. November 1989) nordkoreanische Botschaftsangehörige, indem sie äußerst fadenscheinige, ja sich widersprechende Darstellungen vorlegten. Die öffentliche Zusage über die Rückkehr aller Studenten erschien daher nicht sehr vertrauenserweckend. Die Fragen, warum mitten im Studienbetrieb ein Lehrgang in der Heimat, der, wenn man 500 nordkoreanische Studenten und Auszubildende in der DDR voraussetzt, alleine eine Million DM Flugkosten verursacht haben muß, warum nicht hier an der Botschaft dieser Lehrgang durchgeführt werden könne, wurden mit ökonomischen »Argumenten« begründet: Die Studenten sollen zu Hause nicht nur einen Lehrgang besuchen, sondern auch arbeiten und das Neujahrsfest erleben können. Am Ende waren es dann nicht mehr nur zwanzig Tage, sondern zwei Monate, die die nordkoreanischen Studenten wegbleiben würden. Das hieße zugleich zwei Monate Studienrückstand. Folgendes Telegramm dokumentiert den Stand im Dezember: »Kontakte mit der Botschaft der KDVR haben ergeben, daß die beurlaubten Studierenden keinesfalls im Dezember 1989 zurückkehren. sobald im Januar 1990 die Transportfrage geklärt ist, wird uns der Termin der Wiedereinreise mitgeteilt. soweit die Aussagen von kompetenten Botschaftsvertretern vom 13. Dezember 1989.« Der Protest vor der Botschaft der KDVR war die erste gemeinsame Aktion von Studentenrat, Sozialistischem Studentenbund und Internationalem Studentenkomitee, und das bewies, daß gemeinsames Handeln notwendig ist.

Die neugebildeten Strukturen der Studentenvertretung sind geradezu prädestiniert, sich der Probleme der ausländischen Studenten anzunehmen. Und wenn dies demokratisch ablaufen soll, dann wäre das meines

Erachtens nur mit einer Quotenregelung möglich. Im gleichen Maße ist aber auch die Organisation der Ausländer in einem eigenen Interessenvertretungsorgan erforderlich, weil auch in einer Demokratie so manches Spezialinteresse unter den Tisch fällt.

Michael Otto, wissenschaftlicher Mitarbeiter, Abteilung Ausländerstudium, Humboldt-Universität zu Berlin.

Die Arbeitskraft Gast – Zur Situation der ausländischen Beschäftigten in der DDR

(Gespräch mit Jürgen Schröder, 32 Jahre, Abteilungsleiter im Ministerium für Arbeit und Löhne, Abteilung Ausländische Arbeitskräfte.)

Wer sind die ausländischen Arbeitskräfte in der DDR?

In der DDR wohnen und arbeiten zur Zeit zirka 180 000 Ausländer, allerdings mit unterschiedlichem Status. Auf der Grundlage von Regierungsabkommen sind es 90 000 Ausländer, der Rest kommt in der Regel über Außenhandelsabkommen, Studienverträge beziehungsweise Eheschließungen.

Aus welchen Ländern, mit denen Regierungsabkommen existieren, kommen wie viele Arbeitskräfte?

Aus Vietnam sind etwa 60 000, aus Moçambique etwa 16 000, aus Kuba etwa 9 000, rund 7 000 aus Polen, 1 000 aus Angola. Dazu kommen noch etwa 1 000 Chinesen auf Grundlage einer Ministervereinbarung, und die 600 Koreaner, die entsprechend einer Vereinbarung zwischen den Ministerien für Maschinenbau und Elektrotechnik in der DDR waren und im November 1989 über Nacht zur Schulung, wie es hieß, zurückbeordert wurden. Ministervereinbarungen sind immer selbständige Vereinbarungen zwischen Ministerien. Wie gesagt, mit China gibt es eine zwischen dem Schwermaschinen- und Anlagenbau und dem entsprechenden chinesischen Partner.

Und wer sind die anderen Ausländer?

Einige Zehntausend sind auf der Grundlage von Außenhandelsverträgen hier tätig, mit polnischen Firmen zum Beispiel, die wichtige Bereiche der Instandhaltung von Kraftwerken ausführen. Ich erinnere auch an polnische Restauratoren. Und dann leben noch etwa 43 000 Ausländer mit ständigem Wohnsitz in der DDR, die faktisch aus allen Ländern und vor allem durch Eheschließungen gekommen sind. Wir als Abteilung sind für die etwa 90 000 Arbeitskräfte zuständig, für die die Regierung in Regierungsabkommen konkrete Verpflichtungen übernommen hat. Unsere Kontaktpartner befinden sich an den jeweiligen Botschaften.

Stimmt es, daß die DDR gegenüber Kuba die Verträge nicht eingehalten hat?

Nein. Richtig ist, daß die kubanische Seite vor kurzem einseitig das Abkommen im Prinzip aufgekündigt hat. Bis Ende 1990 sollen die hier arbeitenden kubanischen Werktätigen schrittweise abgezogen werden. Das wurde in keiner Weise damit begründet, daß die DDR irgendwelche Verträge nicht eingehalten hat. Uns wurde mitgeteilt, daß Kuba auch aus der ČSR, Bulgarien und Ungarn die Arbeitskräfte zurückholen wird. Immerhin sind das für uns fast 10 000 Werktätige, die teilweise schon seit einigen Jahren hier arbeiten und sich qualifiziert haben. Natürlich werden sie uns fehlen.

Es ist übrigens nicht das erste Mal. Die kubanische Regierung hatte bereits vor zwei Jahren die Delegierung eingestellt, aber das waren Probleme, die mit dem Einsatz in anderen Ländern zu tun hatten. Für die DDR wurde der Beschluß wieder aufgehoben. Sicherlich hatte das auch damit zu tun, daß die kubanische Seite kurzfristig mehrere 10 000 Leute aus Angola wieder eingliedern mußte, was Probleme mit der Arbeitsvermittlung schuf. Für die wirtschaftliche Zusammenarbeit DDR – Kuba hat immer die Arbeitskräftekooperation eine wichtige Rolle gespielt, beispielsweise im Maschinenbau, aber auch die Metallurgie und die Getränkeproduktion waren von Interesse. Und da ging es darum, Fachkräfte in der DDR auszubilden, und das hat die DDR getan.

Haben andere Länder ähnliche Entscheidungen vor?

Wir haben keine Erkenntnisse in dieser Richtung, wissen aber, daß unsere Partner mit Aufmerksamkeit die Entwicklung in der DDR verfolgen. Natürlich können solche Prozesse, wie wir sie jetzt erleben, nicht an den Ausländern vorbeigehen. Ich teile die Besorgnis nicht nur der Ausländer, wenn gesagt wird: »Laßt uns erst einmal wieder ein ganzes Deutschland sein, dann brauchen wir euch nicht mehr!« Leute, mit denen die Vietnamesen seit Jahren praktisch an einer Werkbank stehen, beziehen plötzlich eine völlig andere Position! Probleme entstehen auch, weil die Vietnamesen strikt die Weisung ihrer Regierung zu befolgen haben, sich aus politischen Problemen der DDR herauszuhalten. Wenn es nun zu Kundgebungen oder kleinen Streiks kommt und sie sich wegen dieser Auflage nicht beteiligen, kommen sie in Konflikte mit ihren Arbeitskollegen. Vietnam hat, auch das muß man wissen, eine problematische interne Situation. Der jährliche Zuwachs an arbeitsfähiger Bevölkerung beträgt dort etwa eine Million. Da läßt sich schnell vorstellen, wie die Lage dort ist. Der Drang, im Ausland zu arbeiten, ist groß. Und der, der dann hier arbeitet, ist oft der einzige Ernährer einer Großfamilie. Daraus resultieren dann bestimmte Verhaltensweisen, die zu Spannungen im Zusammenleben mit der DDR-Bevölkerung führen.

Die Fragen unseres Lebens, unseres Umgangs, unserer Toleranz zu Ausländern müssen gestellt werden, nicht nur die nach den Betrieben. Viele Jahre gab es meines Erachtens eine verfehlte Informationspolitik und darüber hinaus eine eigenartige Politik überhaupt zu Ausländern, die hier im Lande leben. Als ich vor drei Jahren in diese Abteilung kam, war es ein absolutes Tabu, in der Öffentlichkeit über das Problem ausländische Werktätige zu sprechen. Worin die tieferen Ursachen für dieses Tabu lagen, weiß ich nicht genau. Es hat mit der Auffassung im damaligen ZK zu tun, daß es nicht nötig ist, diese Dinge auszubreiten. Wir haben uns darüber beschwert, auch, weil viele Probleme damit zu tun hatten und haben, daß die Bürger uninformiert sind. Einzelentscheidungen gingen wirklich bis ins Politbüro. Und jedesmal gab es einen Heidenspektakel, wenn wieder ein Artikel zu Ausländern oder gar Zahlen erschienen, die natürlich in der Regel falsch waren, weil sie nur auf Spekulation beruhten.

Wo liegt Ihrer Meinung nach der Bruch, also, ab wann war Ihnen bewußt, daß es so nicht weitergeht? Warum begannen Sie vor einem, aber nicht vor drei Jahren mit den Protesten?

Das war ein Prozeß der Erkenntnis. 1987/1988 hat sich die Zahl der Ausländer verdreifacht und zwar auf der Grundlage von Beschlüssen der damaligen Partei- und Staatsführung. In diesem Zeitraum waren wir mit organisatorischen Dingen befaßt. Die Anreise von fast 50 000 Menschen mit Flugzeugen, ihre Unterbringung, die Betriebe, das alles mußte vorbereitet werden, und wir hatten sehr wenig Zeit, um dies zu tun. Es gab keine langfristigen Konzeptionen, sondern nur die Entscheidungen, und alles mußte schnell gehen.

Wir hatten keinen Einfluß auf diese Entwicklung. Die Wohnheime beispielsweise, die waren nicht da, vieles mußte aus dem »Boden gestampft« werden. Es gibt da schlimme Beispiele und sehr gute, wo sich die Betriebe große Mühe gegeben haben, wie im Automobilwerk Ludwigsfelde und in Betrieben der Leichtindustrie, bei Rewatex, wo Vietnamesen für die Berliner Wäsche waschen ...

Würden die Ausländer das auch so sehen?

Es gibt zentrale und regionale Probleme, die eine Rolle spielen; beispielsweise die Fragen der Warenausfuhr, die natürlich zentral zu regeln sind. Dann gibt es Fragen, wo Ausländer auf der Straße, in den Geschäften schlecht behandelt werden, das ist auch ein übergreifendes Problem. Gleichzeitig können die gleichen Werktätigen im Betrieb gute Erfahrungen machen. Sie sagen uns dann: »Der Betrieb kümmert sich, wir sind gut untergebracht, der Heimleiter ist in Ordnung, der Betriebsleiter hat Verständnis für uns.« So differenziert ist es. Dann gibt es Betriebe, in denen das nicht der Fall ist. Hier herrscht Unzufriedenheit mit der Arbeit, weil in diesen konkreten Einrichtungen die Ausländer nur als Arbeitskräfte gesehen werden, ohne ihre Spezifik zur Kenntnis zu nehmen: daß sie Menschen sind, die fern von der Heimat leben, losgelöst von ihrem eigentlichen Kulturkreis, in einer für sie fremden, auch feindlichen Umwelt. Daraus resultieren dann ganz andere Probleme, die die Regierung nicht lösen kann. Sie muß jedoch die Bedingungen schaffen, durch die solche Konflikte minimiert werden.

Aber wenn die Betriebsleiter auch nicht auf diese Invasion vorbereitet wurden? Der Betrieb muß die Warenproduktion realisieren, nicht das Heimweh der Arbeitskräfte analysieren. Das Problem ist doch offenbar, daß den Betrieben die Arbeitskräfte reingedrückt worden sind, ohne daß es kompetente Vorleistungen gab, ohne daß die Territorien in die Pflicht genommen sind.

Die Territorien spielen insofern eine Rolle, daß die örtlichen Organe bis zu den Ämtern für Arbeit und Löhne auf Bezirks- und Kreisebene einbezogen sind. Wir haben eine breite Struktur geschaffen, müssen aber heute sagen, daß die Wirkung nicht immer unseren Erwartungen entspricht, weil sich vieles in den alten Grenzen des Denkens bewegt. Die Räte haben Arbeitsgruppen, die sich mit Ausländerfragen befassen, und zwar dort, wo es bestimmte Konzentrationen gibt. Das sind die Bezirksarbeitsgruppen oder Kreisarbeitsgruppen »Ausländische Arbeitskräfte«, in denen Vertreter aller zuständigen Organe sind.

Sind Ausländer vertreten?

Nein.

Wieso nicht? Kann man denn die Probleme kennen, wenn man die, die es angeht, nicht einbezieht? Es gibt keine Infrastruktur, die Gastronomie ist nirgendwo auf zigtausende Ausländer mit anderen Ernährungsgewohnheiten eingestellt, es gibt keine mehrsprachigen Orientierungen in Wohngebieten. Eigentlich haben die Gremien doch bewiesen, daß sie die Aufgaben nicht bewältigt haben. Die Betriebe erpressen teilweise sogar die Ausländer, daß sie nach Hause geschickt werden, wenn sie sich beschweren …

Das sind zwei Fragen. Richtig ist: Die Wirksamkeit hat sich nicht eingestellt. Es gab aber keine Restriktionen. Alle hätten also Ausländer integrieren können.

Wir hatten zunächst einmal ein Gremium zu schaffen und mußten das ausprobieren …

Aber bei Ehestreit fragen sie auch beide Parteien, oder?

Es ging ja nicht um Streitfälle ...

Aber diese Kommissionen haben keine Vorstellung von den Bedürfnissen, die Vietnamesen an Wohnen, Essen usw. stellen! Das sind doch vermutlich Leute, die selbst noch nie als Fremde irgendwo gelebt haben ...

Sicherlich war das ein Fehler, Ausländer nicht direkt zu integrieren. Aber auch das stimmt nicht so pauschal. Es gibt Territorien, die es getan haben.

Wir haben fast 1 000 Einsatzbetriebe, Schwerpunkte sind Karl-Marx-Stadt, Dresden, Halle, Leipzig, Berlin und Erfurt. Dort herrscht die größte Dichte, was Ausländer angeht. Hier arbeiten auch ausländische Funktionäre als Bezirksbeauftragte, wie in den Abkommen vorgesehen. Die Verteilung der ausländischen Werktätigen über unser Territorium ist ungleichmäßig. Beispielsweise arbeitet ein Großteil der Vietnamesen im Süden, in der Konfektionsindustrie. Moçambiquer sind eher im Maschinenbau und Verkehrswesen und damit mehr im Gesamtgebiet der DDR verteilt. Die jeweiligen Arbeitsorte hängen mit der Territorial- und Standortstruktur der Industrie zusammen. Und entsprechend gefächert ist auch die Problemlage.

Da sind Zahlen durch die Zeitungen »gegeistert«, wonach 20 000 Polen zurückgezogen würden, wenn die damalige Form der Berichterstattung beibehalten wird. Wer sind diese 20 000, wenn Sie nur von 7 000 sprechen?

Ich trage für 7 000 die Verantwortung, die auf der Grundlage von Regierungsabkommen hier arbeiten. Die Hälfte davon pendelt täglich zwischen Polen und der DDR. Alle anderen Polen haben kein Arbeitsrechtsverhältnis mit DDR-Betrieben, sondern mit polnischen Außenhandelsfirmen, von denen sie auch entlohnt werden.

Dieses Verfahren gibt es mit vielen, auch mit englischen und französischen Firmen ... Nach unseren Informationen bekommen die Werktätigen dafür übrigens kein Westgeld, um einem Gerücht zu widersprechen, und wenn, dann ist das eine Angelegenheit zwischen den Firmen und ihren Arbeitskräften.

Die DDR zahlt für die Leistungen im Außenhandel, und zwar in der Regel in Rubel. Definitiv kann ich sagen, daß kein Ausländer, der mit einem DDR-Betrieb in der DDR ein Arbeitsrechtsverhältnis hat, dafür in Valuten entlohnt wird. Man muß das deutlich machen, weil durch Gerüchte sehr schnell Vorurteile bestärkt werden.

Erwähnt werden muß übrigens unbedingt, daß die bei uns im Arbeitsrechtsverhältnis stehenden Ausländer arbeits- und sozialversicherungsrechtlich gleichgestellt sind. Das ist vertraglich geregelt. Das heißt, sie bekommen vom Grundsatz her gleichen Lohn für gleiche Arbeit. Es gibt manchmal Unterschiede in der Entlohnung, die damit zu tun haben, daß die Werktätigen infolge der getrennten Haushaltsführung eine Trennungsentschädigung von 4 Mark pro Tag erhalten. Man muß dazu sagen, daß die Zahlung dieser Trennungsentschädigung an die Arbeitsdisziplin gebunden ist. Bei einer Fehlschicht bekommen sie nur die Hälfte.

Ist das bei den DDR-Bürgern auch so geregelt?

Nein. Diese Regelung ist auf Wunsch der Abkommenspartner so getroffen worden.

Lassen Sie mich kurz auf Warenausfuhr und Lohntransfer eingehen. Nach DDR-Recht ist ein ausländischer Werktätiger berechtigt, 50 Prozent seines Arbeitseinkommens genehmigungs- und gebührenfrei in Form von Waren auszuführen. Es gelten keine Ausfuhrbeschränkungen im Rahmen des persönlichen Bedarfs, das heißt, Art und Anzahl dürfen nicht den Charakter von Handelswaren tragen. Eine Ausnahme bildet Polen. Die Grenzpendler dürfen bis zu 100 Prozent ausführen, und die hier beschäftigten polnischen Werktätigen bis zu 90 Prozent.

Auf Wunsch der anderen Länder werden 60 Prozent des über 350 Mark liegenden Arbeitsverdienstes monatlich abgeführt und in Landeswährung ausgezahlt. Vietnamesen haben aber kein Interesse, ihr Geld zu transferieren, weil die gestörten Ware-Geld-Beziehungen und die Inflation zu Hause ihnen keine ausreichende Sicherheit bieten, die Familie zu unterstützen. Also ist ihr Interesse an der Ausfuhr bestimmter Waren, wie Mopeds, Fahrräder, Nähmaschinen, groß, die benötigt werden und sich auch verkaufen lassen. Für diese Güter wiederum hat die DDR eine Limitierung vorgenommen und den persönlichen Bedarf definiert: 5 Fahrräder, 2 Nähmaschinen und 2 Mopeds für den gesamten Aufenthalt. Diese Einschränkung gilt seit Anfang 1989. Anders ist das Kaufverhalten bei Kubanern und Moçambiquern. Sie konzentrieren sich auf elektronische und Haushaltsgeräte, Möbel, Motorräder. Kubaner und Moçambiquer schicken am Ende des Aufenthalts einen Container nach Hause. Bei Vietnamesen ist es schwierig. Wir müssen Holzkisten bereitstellen, und das Holzkontingent ist knapp. Das Problem besteht darin, daß die Container in Vietnam nicht entladen werden können, daß der Versand im Landesinneren und die Rückführung nicht klappen. Wir arbeiten hier an Varianten. Die Lösung wäre natürlich ein funktionierender Lohntransfer, aber die Bedingungen sind in Vietnam bislang nicht gegeben. Die Plankommission hat den Bedarf zwar entsprechend bilanziert, aber wenn ein Laden in einer Kleinstadt einmal in der Woche Ware bekommt, und Hunderte Vietnamesen wollen dann die Mopeds ... Hier müssen die Betriebe mitziehen, über Beziehungen zum Großhandel und zu den Herstellerbetrieben, damit die Konfrontation mit der Bevölkerung gemindert wird. Außerdem arbeiten wir an der Frage einer zentralen Warenausfuhr.

Manche Leute behaupten, Ausländer sind emsig und fleißig, andere meinen, sie arbeiten nachlässig, dritte bezeichnen sie als Normbrecher. Wie sehen Sie das?

Alles stimmt, genauso wie das alles auch auf DDR-Bürger zutrifft. Was die Disziplinarverstöße angeht, wurden 774 Werktätige 1989 wegen grober Verletzung der Normen nach Hause geschickt, davon 95 Vietnamesen, 303 Kubaner, 369 Moçambiquer und 7 Angolaner.

Wir haben ein Problem einseitig entschieden: Das betrifft die Frage der Schwangerschaft. Seit Anfang 1989 werden keine Frauen mehr wegen einer Schwangerschaft gegen ihren Willen von uns zurückgeschickt. Die Botschaften behalten sich da andere Entscheidungen vor. Hier gibt es unterschiedliche Auffassungen. Man sagt, die Werktätigen kommen zum Arbeiten und wegen der Qualifizierung, und wenn dies nicht geht, müssen sie zurück. Wir gehen davon aus, daß die Betriebe sichern müssen, daß Frauen mit Kindern ordentlich leben können, aber die Wohnheime sind nicht für Kinder geeignet. Jedenfalls gibt es jetzt den Beschluß der DDR-Regierung, daß Frauen nicht gegen ihren Willen ausgewiesen werden können. Das heißt, die Betriebe müssen Bedingungen schaffen. Dort, wo der Betrieb es nicht garantieren kann, fahren die Frauen nach dem Wochenurlaub zurück und entscheiden, ob sie ohne ihr Kind wiederkommen oder bei ihrem Kind und der Familie bleiben wollen. Auch hier gibt es Betriebe, die sich sehr um die Frauen bemühen, und es gibt andere Betriebsleiter, die den Beschluß restriktiv auslegen, das heißt auf Kosten der Frauen.

Wie arbeiten Sie mit den Ausländern zusammen?

Ich habe meine Partner in den jeweiligen Botschaften, mit denen ich regelmäßig zusammentreffe. Dann haben wir in der Abteilung Länderverantwortliche, pro Land einen Mitarbeiter, die ihre Partner haben. Die Kollegen sind qualifiziert, kennen die Verhältnisse in den Ländern und sind sehr engagiert. Insgesamt sind es aber nur 5 Mitarbeiter auf 90 000 Werktätige.

Wir sind viel in den Betrieben, in den Wohnheimen, nehmen an Kontrollberatungen teil und an den Belegschaftsversammlungen. Rechnen Sie sich aus, wie das geht bei 1 000 Betrieben und 5 Kollegen.

Wir bekommen Eingaben, Hinweise, Ausländer kommen zu uns in die Dienststelle mit Fragen, die vom gemeinsamen Wohnen eines frischverliebten Paares bis hin zu Problemen der Diskriminierung reichen, und außerdem müssen wir Grundsatzarbeit machen. Ich bin seit Juni 1989 Abteilungsleiter. Vieles läßt sich nur schrittweise verbessern und ändern, die Prozesse des Umdenkens brauchen Zeit.

Ich will eine Art Beirat schaffen, wo interessierte Kräfte mitdenken, mithelfen, die Probleme zu erkennen. Ich denke an Grundsatzfragen, an die künftige Beschäftigungspolitik, an alternative Konzepte. Da brauchen wir von Ökonomen, Soziologen, Regionalwissenschaftlern, kritischen Mitstreitern der Parteien und neuen sozialen und politischen Bewegungen usw. viel Hilfe. Wir stehen erst am Anfang und müssen prinzipielle Fragen stellen und beantworten.

Zwei Dinge sind wichtig: Zum einen muß das Leben der Ausländer öffentlich diskutiert werden, verbunden mit einer objektiven Information über die Länder, aus denen sie kommen. Wir müssen Akzeptanz befördern dafür, daß der Nachbar vielleicht bald ein Vietnamese sein wird. Das heißt, wir brauchen dringend eine Infrastruktur, Begegnungsstätten in den Wohngebieten beispielsweise. Zum anderen müssen wir klären, welchen ökonomischen Stellenwert die Beschäftigung der Ausländer haben soll. Die Wirtschafts- und Verwaltungsreform werden ganz erhebliche Auswirkungen auf die Arbeit der Ausländer haben. Es geht um neue Konzepte, die neben den Regierungsabkommen wirken sollen. Wir müssen Formen finden, die es den Ausländern individuell ermöglichen, in der DDR auf der Grundlage der Interessenübereinstimmung mit Betrieben zu arbeiten, also auch außerhalb der Regierungs- und Außenhandelsverträge. Dafür brauchen wir entsprechende juristische Voraussetzungen, und über die denken wir auch nach.

Um das zu präzisieren: Jemand will ein Restaurant eröffnen und stellt zwei italienische Köche ein. Wenn die für DDR-Geld bei ihm arbeiten, ist das seine Sache. Und der Wohnraum muß im Rahmen des geltenden Rechts gesichert werden?

Ja, so auch. Aber man muß die wirtschaftlichen Hintergründe mitdenken. Es darf zu keinerlei weiteren Außenhandelsbelastungen kommen. Die DDR muß ja irgendwie die Frage des Geldtransfers sichern ... Das Problem entsteht, wenn 20 000 irgendwoher kommen und ihren DDR-Lohn jetzt an ihre Familien überweisen wollen. Man muß Rentenfragen klären. Die Krankenversicherung ist nicht das Problem. Es geht auch um die Dezentralisierung des Wohnens. Das alles muß öffentlich diskutiert werden, weil es die gesamte Bevölkerung betrifft.

Wir haben hier zwei Arten von Eingaben. Zusammengefaßt sind die einen dafür, viele Ausländer einzuladen und alles sinnvoll und menschlich zu regeln, die anderen verlangen, daß alle Ausländer gehen sollen. Es ist nicht so, daß Rechtsgrundlagen zu schaffen und daß damit alle Probleme aus der Welt sind. Die 1. Demographische Konferenz im Winter 1989 hat gefordert, daß die DDR sich öffnen muß. Die Arbeitskräftesituation läßt sich aber nicht allein dadurch stabilisieren ...

Wie stellen wir uns den persönlichen Wünschen derer, die hier leben wollen, die Asyl beantragen? Solange der Ausländer anonym ist, hat niemand etwas gegen ihn ...

Wir brauchen ein Ausländeramt bei der Regierung, einen Ausländerbeauftragten in der Volkskammer, um diesen Komplex zu ordnen. Viele der Alltagsschwierigkeiten lassen sich nur vor Ort regeln. Es geht einfach nicht, daß meine Mitarbeiter in jedem der fast 1 000 Betriebe als Partner zur Verfügung stehen. Zu qualifizieren sind die Leute, die dort mit den Ausländern arbeiten. Ich kann jemanden, dem ich meine Kinder nicht anvertrauen würde, nicht zum Ausländerbeauftragten machen! Wer sich im Betrieb um die Ausländer kümmert, muß Mutter, Vater, Bruder und Schwester in einem sein. Probleme entstehen nach meinem Wissen vor allem dort, wo es Spannungen zwischen Ausländern, den ausländischen Funktionären und den Betriebsleitungen gibt. Auch die eingesetzten ausländischen Funktionäre sind manchmal nicht so, daß sie ihre Landsleute wirklich vertreten.

Wir begrüßen ein Kommunalwahlrecht für Ausländer. Immerhin gibt es schon jetzt 122 Mandatsträger, vorwiegend über den FDGB. Das ist ein Potential für uns. Wir müssen es nutzen. Über die konkrete Interessenvertretung der Ausländer kann das Verständnis der Bürger unmittelbar vergrößert werden.

Gibt es Kontakte zu bundesdeutschen und Westberliner Ausländerbeauftragten und Ausländergruppen?

Noch nicht, aber wir streben das unbedingt an. Es gibt vieles, was wir lernen können, vieles, wo wir Erfahrungen haben. Mir schwebt darüber hinaus vor, einen Abriß der Entwicklung der Ausländerbeschäftigung in der DDR zusammenzustellen, Fakten, Zahlen, Probleme und Dokumente zu veröffentlichen, die bislang nicht veröffentlicht sind. Ein solches Material könnte noch 1990 erscheinen.

Das Gespräch führte Dr. Irene Runge, Oberassistentin, Ethnographie, Sektion Geschichte, Humboldt-Universität zu Berlin.

Zur Stellung der Ausländer in der gegenwärtigen und in der künftigen Verfassung der DDR

Unter Ausländern werden im weiteren natürliche Personen verstanden, die nicht die Staatsbürgerschaft der DDR besitzen, das heißt, die entweder (nur) Bürger anderer Staaten oder die staatenlos sind.

In der geltenden Verfassung von 1968/1974 werden Ausländer allein im Artikel 23, Absatz 3 (Asylgewährung) ausdrücklich erwähnt. Auf diese Vorschrift und ihr weiteres Schicksal wird am Ende noch zurückzukommen sein. Daneben finden sich in dieser Verfassung einige Regelungen, deren Adressaten nach ganz einhelliger Ansicht nicht nur Inländer, sondern auch Ausländer sind. Als Beispiele dafür seien hier lediglich die Artikel 11, Absatz 1 (Institutsgarantie für das persönliche Eigentum und das Erbrecht), und der Artikel 102 (Recht auf gerichtliches Gehör und Recht auf Verteidigung) genannt.

Weitaus bemerkenswerter ist es jedoch, daß die mit »Grundrechte und Grundpflichten der Bürger« überschriebenen Artikel 19 bis 40 der in Rede stehenden Verfassung so formuliert sind, daß die regelgerechte Anwendung der gängigen Auslegungsmethoden nachgerade zwangsläufig zu dem Schluß führt, daß die Schöpfer der Verfassung die Grundrechte ausnahmslos als Staatsbürger-, das heißt als reine Inländerrechte, verstanden wissen wollten.

Es gab indes – soweit ich sehe – in der Vergangenheit (jedenfalls unter den Rechtswissenschaftlern der DDR) niemanden, der sich öffentlich zu diesem Ergebnis bekannt hätte. Im Gegenteil: Man mied dieses Thema tunlichst, und soweit es dennoch aufgegriffen wurde oder werden mußte, kam man, freilich auf recht unterschiedlichen Wegen, aber immerhin einheitlich zu dem Ergebnis, daß auch Ausländer prinzipiell grundrechtsfähig seien und ihnen lediglich der Zugang zu einigen wenigen, spezifisch staatsbürgerschaftlichen Rechten der Verfassung versperrt wäre. Anfänglich leitete man dies aus der »objektiv begründeten Zielstellung der sozialistischen

Grundrechte«, später aus dem Gleichheitsgrundsatz des Artikels 20, Absatz 1, und seit 1979 vornehmlich aus dem § 4 des Ausländergesetzes her. Gemeinsam war diesen Ableitungen, daß die Annahme, die in den Artikeln 19 bis 40 fixierten Grundrechte seien ausnahmslos nur Inländerrechte, als rechtspolitisch schier unerträglich empfunden wurde. Die Ableitungen selbst blieben jedoch verständlicherweise formal juristisch anfechtbar, was sich in der Sache selbst nicht zuletzt im März 1989 bei der völlig überraschenden Einführung des Kommunalwahlrechts für Ausländer zeigte, für das es nach bis dahin wohl herrschender Ansicht, ungeachtet aller sonstigen Bereitschaft zur Erstreckung der Grundrechte auf Ausländer, einer Verfassungsänderung bedurft hätte. Spätestens in diesem Moment dürfte auch klar geworden sein, daß das Problem des personalen Geltungsbereichs der Grundrechte auf der Grundlage des geltenden Verfassungstextes nicht befriedigend und überzeugend lösbar ist. Ich sehe indes bislang nicht, daß zugleich auch hinreichend ausgereifte und ausdiskutierte Vorstellungen darüber bestünden, wie es denn in einer künftigen Verfassung gelöst werden könnte.

Einigermaßen überraschend war für mich die Kunde, daß es in der DDR insbesondere unter den Ausländern selbst eine nennenswerte Gruppe geben soll, die ein »komplexes Ausländergesetz« anstrebt, daß heißt eine Rechtsvorschrift auf der Ebene der einfachen Gesetzgebung, in welcher der Rechtsstatus der Ausländer gewissermaßen ganzheitlich fixiert ist. Bei diesem Vorschlag, dessen Praktikabilität in Ansehung der Struktur der geltenden Rechtsordnung hier dahingestellt bleiben soll, könnte man sich verfassungsrechtlich mit einer auf die einfache Gesetzgebung verweisenden Grundsatznorm begnügen, etwa nach dem Muster des Artikels 37 der Verfassung der UdSSR von 1977, welcher lautet:

»Ausländischen Staatsbürgern und Personen ohne Staatsbürgerschaft werden in der UdSSR die vom Gesetz vorgesehenen Rechte und Freiheiten garantiert, einschließlich des Rechts, sich an ein Gericht oder an andere Staatsorgane um Schutz der ihnen zustehenden persönlichen, Vermögens-, Familien- und anderen Rechte zu wenden.«

Zur Ausfüllung dieser Bestimmung ist im Jahre 1981 ein Gesetz »Über die Rechtsstellung ausländischer Staatsbürger in der UdSSR« erlassen worden, das fünf Teile hat, und zwar »I. Allgemeine Bestimmungen« (Artikel 1 bis 6), »II. Grundrechte, -freiheiten und -pflichten ausländischer Staatsbürger in der UdSSR« (Artikel 7 bis 23), »III. Einreise und Ausreise ausländischer Staatsbürger in die UdSSR bzw. aus der UdSSR« (Artikel 24 bis 27), »IV. Verantwortlichkeit ausländischer Staatsbürger. Kürzung der Aufenthaltsfrist. Ausweisung« (Artikel 28 bis 31) und »V. Schlußbestimmungen«

(Artikel 32 bis 33), wobei insbesondere die Teile III. und IV. zwischenzeitlich durch weitere Rechtsvorschriften näher ausgestaltet worden sind. Ich vermute, daß den Exponenten der Forderung nach einem komplexen Ausländergesetz zumindest vom Modell her gesehen etwas in dieser Art auch für die künftige Rechtsordnung in der DDR vorschwebt. Zugleich habe ich allerdings recht erhebliche Zweifel daran, daß auch genügende Klarheit über die juristischen Konsequenzen dieses Regelungsmodells besteht, insbesondere, ob dabei wirklich bedacht worden ist, daß die Ausländer damit zwar formell deutlicher in die Verfassung aufrücken, inhaltlich aber aus ihr völlig verbannt werden. Es wäre in diesem Zusammenhang ein großer Irrtum, wenn man glaubte, daß der Begriff der »Ausländergrundrechte, -freiheiten und -pflichten« daran irgend etwas ändern würde, denn er ist nach diesem Modell ein Begriff nur der einfachen Gesetzgebung und eben nicht des Verfassungsrechts, was nicht zuletzt zur Folge hätte, daß diese »Ausländergrundrechte« im Unterschied zu den verfassungsrechtlichen »Inländergrundrechten« jederzeit mit einfacher Parlamentsmehrheit änderbar wären.

Insgesamt gesehen, scheint mir dieses Regelungsmodell allenfalls dann in die engere Wahl zu ziehen zu sein, wenn es aus irgendwelchen Gründen dahin käme, die Ausarbeitung einer grundlegend neuen Verfassungsurkunde in die fernere Zukunft zu verweisen, sich für die Zwischenzeit mit einigen wichtigen Verfassungsänderungen zu begnügen, mit anderen Worten, die Erneuerung der Rechtsordnung quasi von unten nach oben und nicht umgekehrt zu betreiben. Dann nämlich würde die Einfügung einer verfassungsrechtlichen Grundnorm und ihre mehr oder minder interimistische Ausfüllung durch die einfache Gesetzgebung einen durchaus bemerkenswerten Fortschritt gegenüber dem bisherigen Rechtszustand darstellen, wobei ich in diesem Fall jedoch unbedingt dafür wäre, in die einzufügende Grundnorm ausdrücklich das Prinzip der Inländergleichbehandlung als tragendes Prinzip der Ausländerberechtigung und -verpflichtung und damit als verbindliche Leitlinie für die Gestaltung der entsprechenden einfachen Gesetzgebung aufzunehmen.

Wenn es jedoch bei dem Vorhaben bleibt, in absehbarer Zeit einen ganz und gar erneuerten Verfassungsentwurf plebiszitreif zu erarbeiten, dann sollte man sich meines Erachtens von vornherein und ohne Wenn und Aber zu dem traditionellen Regelungsmodell der Differenzierung der Grundrechte in Menschenrechte und in staatsbürgerliche Rechte bekennen. Praktisch bedeutet dieses Modell, daß bei jedem einzelnen in die Verfassung aufzunehmenden Grundrecht im Verfassungstext selbst expressis verbis klarzustellen ist, ob seine Adressaten allein die Inländer sind (Grundrecht als Staatsbürgerrecht) oder ob es für alle natürlichen Personen Geltung beansprucht, die unter dem Geltungsbereich der Verfassung stehen (Grundrecht als Menschenrecht).

Bei einer ganzen Reihe von Grundrechten dürfte dies im großen und ganzen unproblematisch sein. Daß etwa das Recht auf Unantastbarkeit des Lebens, der körperlichen Unversehrtheit und der Freiheit ein Menschenrecht ist, kann gar keinem Zweifel unterliegen. Gleiches gilt umgekehrt zum Beispiel für den unbedingten Rechtsanspruch auf Einreise ins und Aufenthalt im Staatsgebiet sowie für den Anspruch auf Rechtsschutz beim Aufenthalt im Ausland, die von ihrem Charakter her gesehen Staatsbürgerrechte sind.

In den üblicherweise in Verfassungsurkunden vorgefundenen Grundrechtskatalogen finden sich daneben aber auch eine ganze Reihe von Grundrechten, die mit einiger Sicherheit auch in den Verfassungsentwurf Einzug halten werden und bei denen der Souverän, also das Staatsvolk der DDR, dann – was die Einbeziehung oder Nichteinbeziehung der Ausländer anbelangt – vor eine echte Entscheidungssituation gestellt werden wird. Das betrifft insbesondere die sogenannten politischen Grundrechte, namentlich das Wahlrecht, die Versammlungsfreiheit und die Vereinigungsfreiheit, aber zum Beispiel auch das Recht auf Freizügigkeit innerhalb des Staatsgebietes und – nicht zu vergessen – auch bestimmte sozialökonomische Grundrechte, etwa das Recht, Beruf und Arbeitsplatz frei zu wählen. Diese Beispiele wurden hier nicht zuletzt auch deshalb gewählt, weil alle genannten Rechte und Freiheiten in der Verfassungsurkunde der BRD, deren Rechtsordnung in der gegenwärtigen Diskussion in unserem Lande bekanntlich eine ziemliche Rolle spielt, ganz eindeutig nur als Staatsbürgerrechte ausgestaltet sind, Ausländern dort also definitiv nicht in einer Grundrechtsqualität zugestanden werden. Um so mehr erstaunt es mich übrigens, vor allem durch in der DDR ansässige Ausländer auf die angeblich sehr ausländerfreundliche und daher nachahmenswerte Rechtssituation in der BRD hingewiesen zu werden. Dabei ist es für mich völlig unzweifelhaft, daß der dortige Rechtszustand auch in ausländerrechtlicher Hinsicht einiges enthält, was im Rahmen unserer Überlegungen de lege ferenda durchaus bedenkenswert ist, meine indes zugleich, daß das kein Spezifikum des Ausländerrechts der BRD ist (denn auch andere Staaten haben in dieser Hinsicht manch Überlegenswertes zu bieten). Und ich bin zudem – übrigens mit vielen Kollegen in der BRD selbst – der Überzeugung, daß insgesamt gesehen von einer ausländerfreundlichen Rechtslage in der BRD keine Rede sein kann.

Zurückkommend auf das eigentliche Thema der künftigen verfassungsrechtlichen Stellung von Ausländern in der DDR muß aus meiner Sicht zunächst einmal gesagt werden, daß die oben beispielhaft skizzierten Entscheidungsfelder mit einer ganzen Reihe von Fragen und Problemen verbunden sind, die vor einer Entscheidung in diesem oder jenem Sinne wohl erwogen sein wollen. Wenn ich beispielsweise höre, daß einige politische Kräfte in der DDR ein generelles aktives und passives Wahlrecht für alle im Inland nicht nur kurzfristig sich aufhaltenden Ausländer für juristisch völlig unbedenklich halten, dann sind dagegen immerhin Zweifel geltend zu machen.

Hinweisen möchte ich sodann darauf, daß es nach aller Erfahrung unbedingt erforderlich ist, die Erörterung der ausländerRECHTlichen Fragen auf der Grundlage einer definitiven ausländerPOLITISCHEN Entscheidung über den Umfang und die Beschaffenheit des Zugangs zu führen, den Ausländer künftig zum Inland haben sollen. Auch das scheint mir ein Punkt zu sein, der bislang viel zu wenig bedacht worden ist: Bei einer im großen und ganzen restriktiven Einwanderungspolitk, die in einer Zahl von gegenwärtig zirka 43 000 (= etwa 28 Prozent) in der DDR ansässigen Ausländern ihren Ausdruck gefunden hat, stellt sich sicher manches ganz anders dar, als bei einer weltoffenen, liberalen, möglicherweise sogar werbenden Einwanderungspolitik. Um hier nicht mißverstanden zu werden: Ich selbst votiere für eine weltoffene und liberale Einreise- und Einwanderungspolitik und spreche mich auch unter dieser Maßgabe nachdrücklich für das Prinzip der Inländergleichbehandlung als tragendes Prinzip der Berechtigung und Verpflichtung der im Inland sich aufhaltenden Ausländer aus, wobei mein Verständnis dieses Prinzips dahin geht, die Rechtstellung der Ausländer soweit als irgend möglich der der Inländer anzugleichen, was bezogen auf die Grundrechte hieße, nur diejenigen von ihnen als Staatsbürgerrechte auszugestalten, die wesensmäßig an das Rechtsinstitut der Staatsbürgerschaft gebunden sind. Dementsprechend hielte ich es für außerordentlich fragwürdig, künftighin Ausländer von allen politischen Grundrechten a priori ausschließen zu wollen, wiewohl mir natürlich bekannt ist, daß genau das in der weitaus überwiegenden Anzahl der gegenwärtig existierenden Staaten Rechtslage ist. Für einen Rückschritt hielte ich es übrigens auch – um ein anderes Beispiel zu nennen –, wenn die DDR künftighin nach dem Muster zahlreicher westlicher Staaten, darunter wiederum der BRD, dazu überginge, daß keine Identität zwischen der Erteilung einer Aufenthaltserlaubnis (also der Einwanderungsgenehmigung) und der Arbeitserlaubnis mehr bestünde, denn ich bin der Überzeugung, daß ein Staat, der einem Menschen die Einwanderung gestattet, dies nicht unter der Maßgabe der Auferlegung eines Arbeitsverbotes mit Erlaubnisvorbehalt tun darf.

All das sind freilich Fragen, die einer ganz ausführlichen Diskussion bedürfen, wobei ich annehme, daß es nicht leicht werden wird, auf sie Antworten zu finden, die sich auf eine tragfähige Mehrheit stützen können. Im Rahmen dieser notwendigen Diskussion sollte aber niemals aus dem Blickfeld geraten, daß sie nicht irgendwo geführt wird beziehungsweise zu führen ist, sondern in einem deutschen Staat, der sich – sosehr man sich darum in den vergangenen 40 Jahren auch gemüht hat – nicht einfach von der deutschen Geschichte lossagen oder abkoppeln kann und dem aus ebendieser Geschichte gegenüber der Völker- und Staatengemeinschaft Verpflichtungen erwachsen.

Diese Überlegung führt mich abschließend zu dem eingangs erwähnten Artikel 23, Absatz 3 der geltenden Verfassung, das heißt zu unserem gegenwärtigen, mehr noch aber zu unserem künftigen Asylrecht, wobei ich mich trotz der unbestrittenen tatsächlichen Asylgewährung durch die DDR an sich scheue, den diesbezüglichen derzeitigen Rechtszustand überhaupt als Asylrecht zu bezeichnen. Daß die DDR – wie es im Artikel 23 heißt – Ausländern unter gewissen Voraussetzungen Asyl gewähren »kann« und daß der Ministerrat über die Gewährung und Aberkennung des Asyls entscheidet (so § 5, Absatz 1 des Ausländergesetzes), sind Aussagen ohne tieferen juristischen Sinn, vor allem aber auch ohne spürbaren Wert für betroffene Individuen. Ich meine daher, daß das so nicht bleiben kann. Die Mindestforderung ist aus meiner Sicht der Beitritt der DDR zur Genfer Flüchtlingskonvention von 1951 und der Erlaß entsprechender Ausführungsbestimmungen.

Eine darüber hinausgehende Lösung dieses Problems findet sich bekanntlich im Artikel 16, Abs. 2, Satz 2 des Grundgesetzes für die BRD, in welchem das Asylrecht als (Ausländer-) Grundrecht ausgestaltet ist, womit über die Vorschriften der im übrigen auch in der BRD geltenden Flüchtlingskonvention insoweit hinausgegangen wird, als diese ein unbedingtes Asylrecht für politische Flüchtlinge nicht enthält. Die Motive für die im internationalen Vergleich sehr außergewöhnliche Rechtsfigur eines Grundrechts auf Asyl waren in etwa die, von denen hier gerade die Rede war, namentlich die Überlegung, daß die Deutschen alle Veranlassung haben, aus der Zeit der faschistischen Barbarei in Deutschland Lehren und Konsequenzen zu ziehen und daß eine dieser Konsequenzen eben darin zu bestehen habe, daß jeder politisch Verfolgte einen grundrechtlich gesicherten Anspruch auf Asyl haben müsse. Bemerkenswert ist, daß diese Regelung dort von 1953 bis 1973 keine nennenswerten Schwierigkeiten bereitet hat. Von da an sah man sich allerdings vor eine sprunghaft anwachsende Zahl von Asylbewerbern gestellt, was alsbald dazu führte, daß auch Rufe nach einer Grundgesetzänderung laut wurden. Ich erwähne das hier vor allem deshalb, weil ich meine, daß ein verfassungsrechtlich gesichertes Asylrecht für die DDR durchaus bedenkenswert ist und ich in diesem Zusammenhang vorsorglich darauf hinweisen möchte, daß es entgegen manch anderer Behauptung bis dato keinen überzeugenden Beleg dafür gibt, daß die Probleme, die die BRD in der Asylantenfrage hat, deswegen entstanden sind, weil das Asylrecht dort Grundrecht ist.

Insgesamt gesehen wird man sehr gespannt sein dürfen, wie sich die gegenwärtigen und die noch zu erwartenden politischen Parteien und Gruppierungen in unserem Land zum zukünftigen Rechtsstatus der Ausländer in der DDR stellen werden, wobei gerade die Positionen zu deren künftiger verfassungsrechtlicher Stellung der Punkt sein werden, an dem die derzeit noch dominierenden allgemeinen politischen Absichtserklärungen ihre Substanz und ihre Ernsthaftigkeit werden beweisen müssen.

Dr. sc. Rainer Kosewähr, Dozent, Sektion Rechtswissenschaft, Humboldt-Universität zu Berlin

Wir danken allen, die die Erarbeitung
dieser Publikation unterstützten.
Einen speziellen Dank richten wir
an die »Berliner Zeitung«,
die uns die Leserbriefe zum Abdruck
zur Verfügung stellte.

Inhalt

SOFORTHILFEFONDS

PROJEKT FÜR AUSLÄNDERARBEIT

Für viele ausländische Bürger, die in der DDR leben und arbeiten, entstehen manchmal bestimmte Probleme, die von ihnen in einem fremden Land, unter anderen Lebensbedingungen und bedingt durch Sprachschwierigkeiten allein schwer lösbar sind. Wir planen die Einrichtung eines Soforthilfefonds, mit dessen Hilfe wir in Problemfällen unbürokratisch handeln können oder Menschen mit einer Rückkehrerhilfe unterstützen können.

Projektträger:
Ökumenisch-Missionarisches Zentrum/
Berliner Missionsgesellschaft,
Georgenkirchstr. 70
1017 Berlin

Postscheck Berlin 8199-54-140 77
Bank Berlin 6651-39-183
Codierung 109 900 89